KB206029

예수를 만난 사람들:
1세기 팔레스타인에서

벤 위더링턴 3세 지음

김은총 옮김

예수를 만난 사람들:
1세기 팔레스타인에서

지음   벤 위더링턴 3세
옮김   김은총
편집   김덕원, 김요섭, 이찬혁

발행처   감은사
발행인   이영욱
전화   070-8614-2206
팩스   050-7091-2206
주소   서울특별시 강동구 암사동 아리수로 66, 401호
이메일   editor@gameun.co.kr

종이책
초판발행   2024.01.31.
ISBN   9791193155349
정가   16,800원

전자책
초판발행   2024.01.31.
ISBN   9791193155356
정가   12,800원

Encounters with Jesus

Ben Witherington III

이 연구를
현재는 학위를 취득한,
이전의 신약학 박사 과정 제자 둘에게 헌정합니다.
—Judith Odor와 Joy Vaughan.
이 작은 소묘의 절반을
여성들이 채우고 있다는 사실이
여러분의 사역에 영감을 불어넣을 수 있기를 빕니다.

그리고 또한 Mimi Haddad를 위하여.
CBE를 위한 당신의 놀라운 열심과
여성 사역을 위한 끊임없는 지원에
감사를 드립니다.

BW3

| 목차 |

서문

복음서는 예수의 생애를 단편적인 이야기로, 말하자면 예수의 생애와 사역을 매우 선별적으로 제시하고 있습니다. 우리는 이 사실을 요한복음 마지막에 언급되는 "예수께서 행하신 일이 이 외에도 많으니"라는 말씀에서 충분히 쉽게 추론할 수 있습니다. "만일 낱낱이 기록된다면 이 세상이라도 이 기록된 책을 두기에 부족할 줄 아노라"(요한복음 21:25). 이 책은 예수의 생애로부터 더 많은 이야기를 이끌어내거나 상상해내려는 시도가 아니라(이에 관한 것은 제가 쓴, *The Gospel of Jesus*를 보십시오) 오히려 정경 복음서 안에서 우리가 확인할 수 있는 이야기들 속 공백을 메우려는 시도입니다. 특히 이 책은 예수께서 만지시고, 고치시고, 도와주신 사람들로 하여금 복음서의 기록을 그대로 서술하면서 자신의 이야기로 풀어내게 하려는 시도입니다.

이 책에서 이루어지고 있는 일은 역사적 재구성이지 환상 여행 또는 예수의 삶을 삼류 소설로 만들려는 것이 아니라는 점을 분명히 해야겠습니다. 그런 사건들이 발생하게 된 배경(역사적, 사회적, 고고학적, 종교적 배경)에 대해 알 수 있는 내용을 바탕으로 저는 예수를 만난 사람들과 이야기를 나누는 일이 어떠할지 극적으로 제시하려 했고, 또한 삶을 변화시킨 기적과 사건에 대한 그들의 반응을 들어보려 했습니다. 이는 성경에 있는 내용에 무엇을 더하거나 빼려는 것이 아니라, 성경 본문을 더 잘 이해할 수 있도록 더 폭넓은 캔버스, 더 넓은 틀을 창의적으로 제시하려는 시도입니다. 맞습니다. 여기에는 약간의 창의성이 포함됩니다. 하지만 이것이 창의성 자체를 위한 것은 아닙니다. 이런 작업이 이야기들을 새로운 방식으로 조명하는 데 도움이 된다면 저는 만족할 것입니다. 이 책에서는 일반적으로 NIV의 복음서를 인용하면서 다소 부족하다고 생각되는 부분에서는 약간의 변형을 가했습니다. 이 작은 이야기에서 NIV 구판을 사용할 수 있도록 허락해준 스탠 건드리(Stan Gundry)와 존더반(Zondervan)에 감사를 드립니다. 성경 구절들은 **굵은 글씨체**를 사용하면서 본문 내에 구절 표시를 넣지 않았기에 이야기들이 본래 들렸던 대로―연속적인 이야기 형태로―읽을 수 있을 것입니다.

언급할 것이 한 가지 더 있습니다. 저는 이 이야기에서 여러 중요한 이름들 중 (전부는 아니지만) 몇몇 경우에 본래 불리던 소리 그대로 기록하려고 했습니다. 그렇기에 독자 여러분은 예수 시대에 이 사람들의 본래 이름이 어떻게 불렸고 들렸을지 느낄 수 있을 것입니다. 간략한 목록은 다음과 같습니다.

예수(Jesus) = **예슈아**(Yeshua) = **여호수아**(Joshua)

마리아(Mary) = **미리암**(Miriam)

야고보(James) = **야곱**(Jacob)

나사로(Lazarus) = **엘르아살**(Eliezar / Eleazar)

하나님(God) = **하-님**(G-d: 유대인들은 경외심으로 인해 하나님의 이름을 발음하기를 피했습니다)[1]

몇몇 지명도 원어와 더 비슷하게 수정했습니다. 예컨대, 막달라 마리아가 살았던 마을은 미그달(Migdal)로 불리므로

---

1. 이 형태는 본디 두 번째 철자/음절을 생략한 형태가 아니라 모음을 생략한 형태입니다. 이것을 한국어로 표현하면 'ㅎㄴ ㄴ'이 되어야 하지만, 한국어에서 초성만을 표현하는 것은 경외심이 아니라 도리어 가벼운 뉘앙스를 줄 수 있기 때문에 두 번째 음절을 생략하여 표현했습니다—편집자.

실제로는 '미그달의 미리암'으로 발음될 것입니다.

2019년 크리스마스

제1장
세례자 요한

제 기억에 더위가 극심했던 것 같습니다. 그래도 그때쯤이면 제 제자들은 더위에 익숙해졌지요. 저는 사막과 요단에서 너무나도 오랜 시간을 보냈기에 제게는 별일이 아니었습니다. 게다가 염해(Salt Sea) 옆 엣세네 공동체 안에서 보냈던 시간으로 인해 더위에 단련됐습니다. 사람들이 엣세네파에 **미크베**(*mikvehs*)와¹ 물로 행하는 의식이 왜 그렇게도 많은지 물었을 때 저는 그저 웃었습니다. 여러분이 소금평원에 산다면 아마 벌겋게 달아오른 얼굴을 식혀줄 물만 생각날 거

---

1. 이것은 다양한 종류의 부정을 제거하는 데 사용되는 정결 의식 욕조입니다.

예요. 우리가 다룰 주제는 이사야의 말씀이었습니다. "외치는 자의 소리여, 광야에서 우리 하느님의 대로를 곧게 만들어라." 엣세네파는 이 말씀을 염해 옆 백악(chalk: 가루가 되기 쉬운 석회암—옮긴이)으로 된 유대 사막에서 준비해야 한다는 의미로 해석했습니다. 저는 조금 다른 생각들을 가지고 있었지만 이들의 진정성을 부정할 수는 없었습니다. 하느님께서 곧 개입하실 것이라는 그들의 말은 옳았지만 저조차도 그 일이 어떻게 펼쳐질지는 상상할 수 없었습니다.

그래요. 어머니 엘리사벳은 사촌 동생인 미리암에 관한 이야기를 들려주셨습니다. 어머니도 옛날 옛적의 사라와 비슷한 경험을 했기에 미리암의 기적적인 임신 이야기를 믿기는 어렵지 않았다고 해요. 그렇지만 처녀가 남편 없이 임신한다는 것은 어떤 이들에게는 너무나도 엄청난 일이었습니다. 그 이전에는 어느 누구도 이사야서를 그런 방식으로 읽은 적이 없었습니다. 그 본문은 이렇게 말합니다.

그때 이사야가 말했다. "다윗 왕실은 들으십시오. 다윗 왕실은 백성의 인내를 시험한 것만으로는 부족하여, 이제 하느님의 인내까지 시험해야 하겠습니까? 그러므로 주님께서 친히 다윗 왕실에 한 징조를 주실 것입니다. 보십시오, 처녀가 잉태하여

아들을 낳을 것이며, 그가 그의 이름을 임마누엘이라고 할 것입니다. 그 아이가 잘못된 것을 거절하고 옳은 것을 선택할 나이가 될 때에, 그 아이는 버터와 꿀을 먹을 것입니다. 그러나 그 아이가 잘못된 것을 거절하고 옳은 것을 선택할 나이가 되기 전에, 임금님께서 미워하시는 저 두 왕의 땅이 황무지가 될 것입니다. 에브라임과 유다가 갈라진 때로부터 이제까지, 이 백성이 겪어 본 적이 없는 재난을, 주님께서는 임금님과 임금님의 백성과 임금님의 아버지 집안에 내리실 것입니다. 주님께서 앗시리아의 왕을 끌어들이실 것입니다." (이사야 7:13-17)

이 본문의 후반부에 비추어 우리 모두는 이 말씀이 이사야 시대에 일어날 사건을 가리키는 것으로 이해했습니다. 또한 처녀가 결혼함으로써 남편의 도움을 받아 일반적인 방식으로 임신하여 합당한 왕의 후계자를 낳을 것이라는 의미로 이해했지요. 우리는 임마누엘을 왕좌의 이름, 곧 '하-님이 우리와 함께하신다'는 식의 칭호로 받아들였지, 개인의 이름이나 그 사람의 본성에 대한 묘사로 받아들이지는 않았습니다.

물론 제가 오랜 세월을 거듭하며 배워왔던 것처럼 옛 예언은 과거에 부분적으로 실현됐지만 현재에는 하-님의 구원 행위, 곧 자기 백성을 구원하기 위한 하-님의 최종 개입이 임박했기에 더욱 완전하게 실현됩니다. 그런데 최종 개입은 어떤 모습일까요? 그것은 어떤 형태를 취할까요? 예언들은 깊이도 있고 복잡하기도 하기 때문에 다양한 방식으로 해석될 여지가 있습니다. 제가 확신하게 된 바는 하-님의 개입의 때가 임박했기에 저는 그 선구자가 되어야 하며 엣세네파보다도 더욱 직접적으로 '외치는' 소리가 될 필요가 있었다는 것입니다. 그도 그럴 것이, 만약에 엣세네파가 다가올 하-님의 통치를 염해 근방에서 전파했다면 공동체의 다른 일원들 말고는 그들의 말을 들을 수가 없었을 테니까요! 그리고 제가 보기에 그건 이사야가 외치려던 게 아니었습니다. 저는 그 공동체를 떠나 이스라엘을 직접 대면해야 할 필요성을 느껴서 이 임무를 완수할 계획을 세웠습니다.

왕도(King's highway) 옆에 있는 요단강으로 가려고 했습니다. 왕도와 동서 가도가 만나는 갈림길이면 더욱 좋고요. 그러면 많은 유대인들을 만날 뿐 아니라 분명히 남이나 북이나, 어리고나 예루살렘이나 다른 방향인 나바테아나 페트라로 가는 비유대인들도 만날 수 있을 거예요.

제 메시지는 엣세네파의 것과 거의 동일합니다. "회개하라. 하-님의 백성을 심판할 초자연적 개입이 다가온다." 저는 엣세네파가 헤롯가가 절망적으로 부패했고 제사장들도 물들었다고 하는 말에 동의했습니다. 저는 헤롯의 성전 축제들에 참석할 생각이 없습니다. 제가 보기에는 그것은 시작부터 파멸을 향해 가고 있었지만, 제 가족은 거기에 꼭 동의하지는 않았습니다. 제가 성장한 후에는 그들과 거의 연락하지 않았습니다. 저는 그때 벌써 염해 부근에 있었습니다. 그의 죄 많은 백성을 하느님께서 정확히 어떻게 심판하실지, 저는 확실히 알 수 없었습니다. 가끔 저는 '오시는 그분'이 하느님이실 것이라 생각했지만 어떤 때에는 열두 지파를 다스릴 메시아적 존재일 것이라고 생각했습니다. 예언들이 다가올 심판에 대해서는 명백했지만, 그것이 직접적인 신적 개입일지 아닐지에 대해서는 그렇지 않았습니다.

어쨌든 확실한 건 이스라엘이 회개하지 않으면 그것이 '좋은 소식'이라기보다는 나쁜 소식이 될 것이라는 점입니다. 그 소식이 사촌인 예수아를 통해 올 것이라고는 전혀 예상하지 못했고, 아직 의문이 있긴 했지만 그에 대한 해답을 갖게 될지 이때는 아직 몰랐습니다. 저의 때는 거의 다가왔습니다. 저는 마케레우스에 있는 안디바의 감옥에서 쇠하여 가면서 죽음을 기다리며, 예수아에게 물으러 간 제자들로부터 소식을 듣기를 바랐습니다. 저는 최소한 한 명, 헤롯의 측근 중 하나인 구사의 아내 요안나가 와서 제 이야기를 받아

적고 있다는 사실에 감사하고 있습니다. 그래도 몇몇 사람들은 저에게 무슨 일이 일어났는지 알 수 있을 것입니다. 어쨌든, 예전의 가장 아름다운 시절이었던 (이제 거의 1년이 됐네요) 예슈아가 직접 제게 세례받으러 온 날에 대해서 회상해봅시다.

우선, 그가 기적들을 일으키고 '좋은 소식'을 전한다는 소문과 이야기가 들렸습니다. 저는 이것들을 들었고, 의심할 이유도 없었지만, 이 시점에 하-님의 당신의 백성들을 향한 뜻에 관해서는 머릿속에 명확하게 그려지지가 않았습니다. 제 경우, 호화로운 음식을 멀리하고, 악명 높은 죄인들과 함께 섞이지 않았으며, 옷으로는 동물 가죽만을 사용했고, 지속적으로 다가올 심판에 대해서 경고하며, 회개를 상징하는 세례를 통해 길을 준비하고 있었습니다.

그러나 들려오는 소식들에 의하면 예슈아는 거의 반대로 행동했습니다. 그는 다가올 좋은 소식을 전했고, 사람들을 치유했으며, 죄인들과 먹고, 포도주를 마시며 경건하지 못한 사람들의 친구로 평판이 나 있었고, 율법에 맞게 행동하지 않았습니다. 그래서 의아할 뿐 아니라 이상하기까지 했지요. 이 모든 것에 대해 저는 어떻게 받아들여야 했을까요? 저는 이 땅과 성전과 헤롯가와 백성에게 임박한 심판에 대해 잘못 알고 있었던 것일까요?

　사람들은 저더러 엘리야 같다고 말했지만, 저는 그처럼 기적을 행한 적이 없습니다. 그들은 말하기를, 제가 '하-님의 크고 위대한 날이 오기 전에 오시는 이, 엘리야'와 같다고 했습니다. 제 생각에 제 옷이나 메시지가 그들에게 이런 생각을 갖게 했는지 모르겠지만 엘리야는 세례자가 아니었고 저는 엘리야가 했듯이 직접 헤롯의 궁정에 가서 권력 앞에 대면하며 이야기하지 않았거든요. 그럼에도 불구하고 그들은 제게 와서 메시지를 들었습니다. 아마도 저는 위협적인 존재로 보였을 것입니다. 왜냐하면 성전의 제사장들에게 가서 제물을 드리고 용서를 구하지 않고도 죄 용서를 받을 수 있다고 했으니까요. 만약 모든 사람들이 요단강가에 있는 제게 왔다면 그들은 죄의 회개의 목적으로 성전에 가야 할 필요성을 느끼지 못했을 수도 있겠지요.

　잠시 옆길로 샜네요. 예수아가 왔던 그날에 집중합시다. 여기 있는 요안나가 세리 마태에 의해 쓰인 이야기를 읽어줄 것입니다.

　요안나가 읽기를:[2]

2.　본서에서 고딕체는 내레이션을 뜻합니다—편집자.

그날에 세례자 요한이 와서 유대 광야에서 전하며, "회개하라, 천국이 다가왔다"라고 말했다. 이 요한은 예언자 이사야를 통해 말씀된 자다.

"광야에서 외치는 소리여, '하-님의 길을 예비하라, 그를 위해 길을 평탄하게 하라.'" 요한의 옷은 낙타 털로 만들어졌으며 그의 허리에는 가죽 띠를 둘렀다. 그의 음식은 메뚜기와 야생 꿀이었다. 예루살렘과 온 유대와 요단의 모든 지역의 사람들이 그에게 나아왔다. 죄를 고백하며 그에게 요단강에서 세례를 받았다.

하지만 많은 바리새파와 사두개파들이 그가 세례를 베푸는 곳으로 오는 것을 봤을 때, 그는 말했다. "뱀의 자식들아! 누가 너희들을 다가오는 진노로부터 도망가라고 경고했느냐? 회개에 걸맞은 열매를 맺으라. 그리고 너희 스스로에게, '우리는 아브라함을 우리의 조상으로 갖고 있다'라고 말할 수 있다고 생각하지 말라. 도끼는 이미 나무의 뿌리 가까이에 있으며, 좋은 열매를 맺지 못하는 모든 나무는 찍혀서 불에 던져질 것이다.

나는 회개를 위해 너희에게 물로 세례를 준다. 하지만 내 뒤에 오시는 분은 나보다 훨씬 더 능력이 있으신 분이시고 나는 그분의 신발을 들 자격조차 없는 사람이다. 그가 너희에게 성령과 불로 세례를 주실 것이다. 그는 손에 키를 드시고 타작마당을 깨끗하게 해서 그의 알곡은 곳간에 들이시고 쭉정이는 꺼지지 않는 불에 태우실 것이다."

　　그리고 예슈아가 요한에게 세례를 받기 위해 갈릴리에서 요단강으로 갔다. 하지만 요한은 그를 막으려 하며 이야기했다. "제가 당신에게 세례를 받아야 하는데 당신이 저에게 오셨습니까?"

　　예슈아가 대답했다. "지금은 그렇게 하도록 하십시오. 이렇게 하여 모든 의를 이루는 것이 옳습니다." 그러자 요한은 승낙했다.

　　예슈아가 세례를 받자마자 물에서 나왔다. 그 순간에 하늘이 열렸고, 하-님의 영이 비둘기와 같이 내려와 그에게 비추는 것을 보았다. 그리고 하늘에서부터 소리가 들렸다. "이는 내 사랑하는 아들이고 내가 기뻐하는 자다." (마태복음 3장)

요안나가 읽은 후에 요한이 말한다: 그때 제가 "보십시오. 세상의 죄를 지고 가는 하-님의 어린 양입니다"라고 말했습니다. 만약 당신이 하-님과 어떤 형태로든 교류를 하고 있다면 이전에는 상상조차 하지 못했던 진실이 떠오르는 통찰의 순간, 명쾌한 생각이 떠오르는 순간이 있다는 것을 깨닫게 될 것입니다. 때로 우리는 우리가 알거나 이해하는 것보다 더 많은 것들을 말할 때가 있는데 바로 그때가 그런 경우였던 것 같습니다. 하지만 저는 여기 앉아서 제자들이나 저의 죽음을 기다리면서도 (어느 것이 먼저 오든지) 예수아가 '오실 그 분'인지 아직도 의문이 듭니다. 그리고 첩보원들이 도처에 깔려 있는 헤롯의 당국에 제 제자들이 소란을 일으킨 것 이상으로, 제 사역이 성취한 것이 있는지 자문해 봅니다. 저는 실제로 무엇을 해낸 걸까요? 많은 이들이 와서 세례를 받고, 많은 이들이 그들의 회개에 관해서 진실됐던 것 같지만, 이제는 어떻게 될까요? 누가 말할 수 있나요? 예수아가 한때, 저를 과거의 모든 예언자들 중에 가장 위대한, 심지어 여자로부터 일반적인 형태로 태어난 자들 중에서 가장 위대한 사람이라고 불렀는데요, 이제 그는 저에 대해서 어떻게 말할까요? 피골이 상접하고 습기 찬 감옥에 갇혀서 처형을 기다리고 있는 저를요.

이 시점에 요한의 제자들 중 하나가 마케레우스에 등장해서 이렇게 보고한다:

주인님, 저희가 예수아를 찾았고, 그가 당신의 질문에 이렇게 답했습니다. 저는 그 답이 이사야의 예언들을 인용하는 것임을

깨닫고 그대로 외웠습니다. 그는 이렇게 말했습니다. "가서 요한에게 당신이 듣고 본 것을 전하세요. '장님이 시력을 찾고, 절름발이가 걷고, 피부병에 걸린 자가 정결하게 되고 벙어리가 듣게 되고, 죽은 자가 일어나고, 복음이 가난한 자에게 전해지게 된다'고 말이에요. 저에게 걸려 넘어지지 않는 사람은 복이 있습니다." (마태복음 11:4-6)

요한은 가만히 이 말들을 들은 후 낮은 소리로 말했다: 그렇다면 사실이군요. 회개와 심판과 더불어 회복도 있는 것이군요. 예슈아 이전에 그 누구도 장님에게 시력을 찾게 해준 적이 없습니다. 히브리 경전에도 기록이 없고 그것에 대한 이사야의 약속만 있습니다. 그렇다면 들리는 이야기들이 사실이군요. 즉, 제 사촌이 '오실 그분'이지만 하느님의 구속적인 심판은 제가 지금까지는 생각해보지 못한 형태를 갖게 되는군요. 할렐루야, 그렇게 되기를—아멘.

여기서부터는 요안나가 이야기를 이어가야 한다: 이때 헤롯의 간수가 와서 요한을 데리고 갔습니다. 저는 제 남편 구사가 헤롯의 식솔 중 하나였기 때문에 일어날 참상을 목격할 수 있었습니다. 저는 아래와 같이 그 사건들을 기록했습니다.

헤롯이 직접 요한이 체포되도록 지시하고 그를 묶어 감옥에 집어넣었다. 그가 이렇게 한 이유는 이미 결혼한 자신의 동생인 빌립의 아내, 헤로디아 때문이었다. 왜냐하면 요한이 헤롯에게 "왕이 형제의 아내를 차지하는 것은 옳지 않다"라고 말해왔기 때문이다. 그래서 헤로디아는 요한에게 원한을 품고 그를 죽이려고 했다. 하지만 헤롯이 요한을 의롭고 성스러운 사람으로 알고 그를 두려워하며 보호해줬기 때문에 그녀는 그를 죽일 수 없었다. 헤롯이 요한의 말을 들으면 몹시 괴로워하면서도, 기꺼이 그의 말들을 들었기 때문이다.

드디어 기회의 시간이 다가왔다. 생일에 헤롯은 고관들과 무관들과 갈릴리의 요인들에게 잔치를 베풀었다. 헤로디아의 딸이 나와서 춤을 추었을 때, 그녀는 헤롯과 그의 저녁 손님들을 즐겁게 했다.

왕이 소녀에게 말했다. "무엇이든지 내게 부탁하라. 내가 너에게 주겠다." 그리고 맹세로 약속했다. "이 나라의 절반까지, 네가 원하는 것이라면 무엇이든지 너에게 주겠다."

그녀는 나가서 어머니에게 말했다. "무엇을 청할까요?"

"세례자 요한의 머리를 달라고 하거라." 그녀는 대답했다.

바로 그녀는 서둘러 왕에게 돌아와 "지금 당장 세례자 요한의 머리를 쟁반에 담아서 주세요"라며 청했다.

왕은 몹시 괴로웠지만 맹세한 것과 저녁 손님들 때문에 그 청을 거절하고 싶지 않았다. 그래서 그는 곧바로 요한의 머리를 가져오라는 명령과 함께 집행인을 보냈다. 그는 가서 감옥에서 요한의 목을 베고 그의 머리를 쟁반에 담아서 돌아왔다. 그가 이를 소녀에게 건넸고, 그녀는 어머니에게 가져다주었다. 이 말을 듣고 요한의 제자들이 와서 그의 시신을 거두고 무덤에 안장했다. (마가복음 6:17-29)

요한이 "그분은 더욱 커지셔야 하고 나는 더욱 작아져야 한다"라고 한 말이 얼마나 옳았는지 더 이야기할 수 있겠지만, 또 요한의 죽음으로부터 몇십 년 후에도 그 제자들이 존속해갔다는 것도 사실입니다(사도행전 19장). 최소한 마지막에 요한은 그의 사촌이 하는 일에 대해 평안을 가질 수 있었고 그분의 사역이 무의미한 것이 아니었다는 확신을 어느 정도 가질 수 있었습니다. 그는 길을 준비했지만, "하-님의 길을 평탄하게 하라"는 외침과 더불어 어떤 일들이 일어날지 짐작할 수 있는 사람은 거의 없었을 것입니다.

제2장
혈루병을 앓는 여인

절박함. 그 말밖에 표현할 길이 없었습니다. 그 의사들 중 누구도 전혀 도움이 되지 않았습니다. 뭐, 여성의 문제들에 있어서 그들이 무얼 해야 하는지 알고 있기는 한지 의문도 들고요. 차라리 치유사를 믿는 게 나을 것 같습니다. 위에서 말한 것처럼 저는 절박했습니다. 피가 계속 흐르면 기운이 없을 뿐 아니라 의례적으로 계속 부정해질 수밖에 없는 문제가 있었습니다. 그뿐만 아니라 (아마도 저의 죄로 여겨지겠지만) 누군가의 죄 때문에 일어난 것이라고 생각되는 것도 문제였습니다. 물론 이 질환은 평상시 가까이 있기를 바라는 가족, 친구, 이웃, 회당의 일원들로부터 격리되게끔 합니다. 정결 의식을 매일, 심지어 어떤 때에는 하루에 여러 번 해야 하기 때문에 경건을 유지하기도 어렵습니다. 항상 부정하다는 평판이 따라다니고 사람들은 저를 계속 **미크베**에서 보게 됩니다.

갈릴리의 치유사인 예슈아가 동네에 온다는 소문이 퍼졌습니다. 그런 소문들이 보통 어떻게 퍼지기 시작되는지 아시겠지만 이번 경우에는 사실이었습니다. 우리 갈릴리 사람들은 예언자적인 치유사들에 대해 좀 알고 있거든요. 우리는 모두 엘리야와 엘리사에 대한 이야기를 어렸을 때부터 부모님에게 들어왔습니다. 우리는 하-님이 그런 치유사를 다시 우리 사이에 일으키실 것을 믿는 데 아무 문제가 없었습니다. 하지만 진짜 질문은 '그분이 나를 치유하실까?'였습니다. 영원과 같은 시간 동안 이 혈루병을 견디고 버티면서 마음속에는 의심이 스며들어오고 다시는 나을 수 없을 것이라고 믿게 됩니다. 앞뒤 가리지 않고 어느 것이든 시도할 의향이 있었습니다. 안수, 어떤 깨끗한 수역에 몸을 담근다거나, 기도, 성인의 소유였다는 성의를 만지는 것 등등 말입니다. 생각할 수 있는 것이면 무엇이든 시도할 의향을 가지게 됩니다. 사람들 앞에서 치욕을 당한다고 해도요. 예슈아를 만지려고 하는 것 때문에 꾸중을 듣는다 해도 상관없다고 생각했습니다.

어떤 방해물이 있어도 시도를 하고야 말 것이었습니다.

수많은 군중에게는 기대를 하지 않았습니다. 첫째로, 거기에는 그분의 제자들이 있었는데 남성뿐만 아니라 놀랍게도 여성 제자들도 있었습니다. 예언자나 제사장이나 교사나 서기관 중에 여성 제자가 있다는 것은 들어본 적이 없거든요. 그게 사람들의 입을 간지럽게 했을 것 같습니다. 어떤 교사들은 심지어 율법의 세부적인 내용들을 여자에게 전하는 것이 부도덕하다고까지 말했으니까요. 누군가가 여자는 머리가 너무 산만해서 배울 수가 없다고 하는 것도 들은 적이 있습니다. 이는 보통 여자를 비방할 때 쓰는 말이지요. 심지어 경건한 여성들에게도요.

예슈아께서 도착하셨을 때는 무더운 한여름 아침이었고 길거리에는 사람들이 줄지어 있었습니다. 마치 명절 때에 예루살렘에 올라가는 순례 기간처럼 말입니다. 저는 다른 남녀보다 키가 작은 편이었고 제대로 보기가 어려웠지만, 군중 사이를 거침없이 뚫고 지나가면서, 사람들이 어떤 말을 할지도 걱정하지 않은 채 손을 뻗으면 탈리트(tallith: 기도용 숄—옮긴이)를, 정확히는 그 숄의 끝단에 달린 술을 만질 수 있는 곳까지 비집고 들어갔습니다. 잠시 주제에서 벗어나야 하는데, 왜냐하면 여러분들도 아시듯이, 수년 후 제자들 중 하나가

와서 저의 치유 이야기에 대해서 물어봤기 때문입니다. 사건에 대해 그가 쓴 것이 여기 있습니다. 그가 저보다 이야기를 더 잘 전합니다.

많은 군중들이 그를 따라와서 그 주위를 압박했다. 그리고 12년 동안 혈루증을 앓고 있는 한 여인이 그곳에 있었다. 그녀는 많은 의사들의 보살핌 아래서 많이 고생했고 그녀가 가진 모든 것을 다 써버렸음에도 불구하고 좋아지기는커녕 더욱더 나빠졌다. 그녀가 예슈아에 대해 들었을 때, 그녀는 무리 가운데서 그의 뒤로 다가와서 그의 겉옷을 만졌다. 왜냐하면 그녀는 '그냥 그의 옷을 만지기만 해도 나는 나을 거야'라고 생각했기 때문이다. 그리고 그 즉시 출혈은 멈췄고 그녀는 자신이 고통에서 벗어났다는 것을 몸속으로 느꼈다.

예슈아는 즉시 그로부터 능력이 나갔다는 것을 알아차렸다. 그는 군중에게 몸을 돌려 물었다. "누가 제 옷을 만졌습니까?"

"사람들이 선생님께 떼 지어 오는 것을 보고 계십니다." 그의 제자들이 대답했다. "그런데도 '누가 저를 만졌습니까?'라고 물으십니까?"

하지만 예슈아는 계속 누가 했는지 알기 위해 주변을 두리번거렸다. 그러자 그 여인은 자신에게 어떤 일이 일어난 줄 알

고 그의 발 앞에 와서 엎드리고 두려워하며 떨면서 모든 사실
을 말했다. 예슈아가 그녀에게 말했다. "딸이여, 당신의 믿음이
당신을 고쳤습니다. 평안히 가고 고통으로부터 해방되세요.'"

(마가복음 5:24b-34)

수년 후, 마가가 저에게 와서 이 이야기에 대해 물었을
때, 저는 제가 할 수 있는 대로 기억해내려고 했지만 많은 세
월이 지났고, 저는 이제 나이가 아주 많이 들어서 예전처럼
거동이 자유롭지도 않습니다. 그 만남에서 가장 기억에 남는
사실은 예슈아가 그보다 나이가 많은 저를 딸이라고 부른 것
뿐만 아니라 어떤 의식이나 거룩한 성의가 저를 치유한 것이
아니라는 것을 강조하며, 제가 믿음으로 나아가서 그를 만졌
기 때문이라고 한 것입니다. 저는 이전에는 성인들의 옷감이
사람을 낫게 할 수 있다는 미신적인 믿음이 있었는데, 예슈
아는 제 믿음과 그와의 개인적인 상호작용을 통해 그런 일이
일어났다는 것을 알려주려 했던 것 같습니다. 저는 그것을
절대 잊을 수 없었습니다. 예슈아는 제가 마술에 의존하는
신앙이 아니라 개인적인 신앙을 갖길 원했습니다.

그래도, 이제 말할 수 있지만, 그분이 저를 불러냈을 때
굉장히 두려웠습니다. 왜냐하면 저는 그분을 만지고서, 늘

그렇듯이 제 상태 때문에, 아무도 모르게 들키지 않은 채 군중 속에 있기를 바랐거든요. 저는 저를 향한 멸시와 우월적 태도들과 냉혹한 평가들에 지쳐 있었습니다. 너무나도 지쳐 있었습니다. 하지만 예슈아는 무리로부터 저를 부르셨습니다. 예슈아는 제가 그 치유가 정확히 어떻게 일어난 것인지를 알기를 원하셨습니다.

수년 후에 누군가가 제게 마가의 기록을 읽어줬을 때 다른 것을 깨닫게 됐습니다. 그날 많은 사람들이 인파 속에서 사람들에게 떠밀려 의도치 않게 예슈아와 부딪혔지만 어떤 특별한 일도 일어나지 않았습니다. 그들은 치유의 소망이나 어떤 믿음을 가지고 그분에게 다가가지 않았습니다. 그들은 그저 축제와 같은 분위기를 즐기고 있었습니다. 마가는 예슈아께서 치유의 능력이 그분으로부터 나가는 것을 느낄 수는 있었지만, 누가 그 능력을 받았는지는 알지 못하셨다고 썼습니다. 예슈아는 물어봐야 했습니다. 그것은 제가 한낱 인간이라는 것을 깊게 체감하는 순간이었는데, 아마 그분에게도 그랬던 것 같아요. 저는 두렵고 떨렸으며, 또 면박을 당한 채 다른 사람들로부터 떨어지라는 말을 들을 것이라고 생각했습니다.

하지만 예슈아는 그러시지 않았습니다. 제가 그분께 나

아갔고 무슨 일이 일어났습니다. 그분이 저를 만지신 것이 아니라 오히려 그 반대였는데, 거의 부지불식간에 그분에게서 능력이 나왔고, 그분은 그 일이 일어났다는 것을 느끼고 질문했던 것입니다. 솔직히 말하면 저는 이것을 잘 이해하지 못하겠어요. 예슈아 자신이 하신 것인가요, 아니면 예슈아를 통해 흐르는 하-님의 영의 능력이 하신 것인가요? 결국은 하-님에게서 온 것이니까 그것이 그다지 중요하지는 않습니다. 다만 중요한 것은, 그 사건이 제 인생을 완전히 뒤바꾸어 놓았다는 사실입니다.

저는 결혼하기에는 나이가 너무 많았지만 가까운 제사장에게 가서 공식적으로 정결함을 선포받을 수 있었습니다. 이제 저는 다른 사람들처럼 사람들과 관계를 맺을 수 있게 됐습니다. 그리고 정말 이상한 일이 일어났는데요, 저는 동네에서 연예인처럼 되어서 사방에서 사람들이 와 치유 이야기에 대해 듣고 싶어했습니다. 많은 사람들이 12년의 고통 후에 그런 일이 있을 수 있었다는 것에 놀랐습니다. 몇 사람들은 떠날 때 경탄하며 말했습니다. "그럼 하-님이 실제로 예슈아를 통해 당신의 백성을 다시 방문하셨구나." 심지어 어떤 사람들은 저의 간증 때문에 그분의 제자가 되기도 했습니다.

이제 빛은 흐려가고, 저는 제 앞의 모두가 그랬듯, 저 역시 조상들 곁으로 돌아갈 날이 멀지 않았다는 것을 알고 있습니다. 이전처럼 잘 보이지 않고, 이전처럼 잘 걸을 수 없고, 이전처럼 잘 먹을 수도 없습니다. 성서에 기록된 말씀이 기억나는군요.

젊을 때에 너는 너의 창조주를 기억하라.

고생스러운 날들이 오고,

사는 것이 즐겁지 않다고 할 나이가 되기 전에,

해와 빛과 달과 별들이 어두워지기 전에,

먹구름이 곧 비를 몰고 오기 전에, 그렇게 하라.

그때가 되면, 너를 보호하는 팔이 떨리고,

정정하던 두 다리가 약해지고,

분쇄 날은 빠져서 씹지도 못하고,

창을 통해 보는 것들은 흐려지고,

귀는 먹어 바깥에서 나는 소리도 못 듣고,

맷돌질 소리도 희미해지고,

새들이 지저귀는 노랫소리도 하나도 들리지 않을 것이다.

높은 곳에는 무서워서 올라가지도 못하고,

넘어질세라 걷는 것마저도 무서워질 것이다.

검은 머리가 파뿌리가 되고,

원기가 떨어져서 보약을 먹어도 효력이 없을 것이다.

사람이 영원히 쉴 곳으로 가는 날,

길거리에는 조객들이 오간다. (전도서 12:1-5)

저는 젊었을 때 이 성구를 외웠고, 그때부터 계속 제 머리에 남아있었습니다. 이제 그것이 무엇을 의미하는지 이전보다 잘 이해합니다. 분쇄 날은 당연히 치아를 뜻하고 창은 눈을 상징하며, 저는 이제 제가 듣던 것처럼 잘 듣지는 못하지만 제 머릿속엔 여전히 그 온유하고도 강렬한 음성이, '딸이여 당신의 믿음이 당신을 고쳤습니다'라고 하는 것이 들립니다. 어떤 소리든 저를 깨울 수 있는 잠 못 드는 밤들에 대해서 너무나 잘 알고 있으며, 넘어질까 무서워 집 지붕으로 올라가는 계단을 올라가지도 못합니다. 손은 떨리고 젊었을 때의 욕구들은 일어나지 않습니다. 하지만 상관없어요. 저는 하느님의 손 안에 있고 제 마음에는 기쁨이 있으니까요. 제 창조주를 지금도 기억하고 그의 아들이 제가 있는 곳을 시나가셨던 그날에 감사합니다. 생애에는 많은 중요한 순간들, 절정과 고비들, 많은 기쁨과 슬픔들이 있는데, 제가 치유받았던 그날은 특별한 하루였고 그 축복은 지금까지도 저와 함께하고 있습니다.

제3장
중풍병 환자

거동할 수 없다는 것은 정말 끔찍한 일입니다. 도움 없이는 일어나서 볼일을 볼 수도 없다는 것은 참으로 끔찍해요. 너무 무력한 나머지 자신이 주변의 사람들(사랑하는 사람들, 친구들, 이웃들)에게 큰 짐이 된다고 느끼게 됩니다. 계속해서 부탁을 해야 하고 계속 요청해야 합니다. "물 좀 가져다주실래요?" "그 도구 좀 내려다 주실래요?" 이런 일은 저 같은 남자, 아니, 사실 누구에게나 수치스럽습니다. 자존심과 존엄감을 잃게 되고 세상에 대해 화가 나게 되는데, 심지어 신에 대해서도 화가 날 수 있습니다. 끊임없이 탄식하고 신음하게 되고, 결국엔 아무도 당신과 함께 있고 싶어하지 않게 됩니다. 그들은 당신 주위에서 조용히 움직이거나, 도움을 주려고 할 때에 마치 은인인 척하게 됩니다. "저기요, 친구, 내가 대신 해줄게요"라고 말하면서요. 무슨 말인지 알겠지요? 하루 종일 누워 있거나 앉아 있으면 몸에 종기가 생기는데, 언급하고 싶지 않은 곳들에도 생깁니다. 그래서 심지어 앉아 있는 것조차 더 이상 편하지 않게 됩니다.

하루는 제 가족과 이웃들이 저를 위해 뭔가를 하려고 했습니다. 그때 길을 따라 내려가면 있는 동네인 가버나움에 한 치유사가 살고 있었는데, 그들은 그가 저를 도울 수 있을 거라 생각했습니다. 저에게는 그런 확신이 없었지만, 이의를 제기할 수가 없었습니다. 어떤 좋은 일이 일어날 거라는 실낱같은 가능성과 함께, 저에게 일어날 수 있는 최악의 경우는 공개적으로 수모를 당하는 일일 거라고 생각했습니다. 물론 그런 일에는 벌써 익숙해져 있었지요. 우리 집의 지붕에서 떨어져서 다시는 일어서거나 걸을 수 없게 된 그때부터 말입니다. 마가라는 어떤 사람이 나중에 그 낭시 일에 대해 실감나게 기록했는데 그 내용은 아래와 같습니다.

며칠이 지나서, 예슈아께서 다시 가버나움으로 들어가셨다. 예슈아가 집에 계신다는 말이 퍼지니, 많은 사람이 모여들어서,

마침내 문 앞에조차도 들어설 자리가 없었다. 예슈아께서 그들에게 말씀을 전하셨다. 그때 한 중풍병 환자를 네 사람이 데리고 왔다. 무리 때문에 예슈아께로 데리고 갈 수 없어서, 예슈아가 계신 곳 위의 지붕을 걷어내고, 구멍을 뚫어서, 중풍병 환자가 누워 있는 자리를 달아 내렸다. 예슈아께서는 그들의 믿음을 보시고, 중풍병 환자에게 "아들이여! 당신의 죄가 사함을 받았습니다"라고 말씀하셨다.

율법 학자 몇이 거기에 앉아 있다가, 마음속으로 의아해하며 이렇게 생각했다. '이 사람이 어찌하여 이런 말을 한단 말이냐? 하-님을 모독하는구나. 하-님 한 분밖에, 누가 죄를 용서할 수 있는가?'

예슈아께서, 그들이 속으로 이렇게 생각하는 것을 곧바로 마음으로 알아채시고 그들에게 말씀하셨다. "어째서 당신들은 마음속에 그런 생각을 품고 있습니까? 중풍병 환자에게 '당신의 죄가 사함을 받았습니다' 하고 말하는 것과 '일어나서 당신의 자리를 걷어서 걸어가세요' 하고 말하는 것 가운데서, 어느 쪽이 더 말하기가 쉽습니까? 그러나 사람의 아들이 땅에서 죄를 용서하는 권세를 가지고 있음을 당신들에게 알려주겠습니다." 예슈아께서 중풍병 환자에게 말씀하셨다. "제가 당신께 말합니다. 일어나 당신의 자리를 걷고 집으로 가세요." 그러자 중

풍병 환자가 일어나, 곧바로 모든 사람이 보는 앞에서 자리를
걸어서 나갔다. 사람들은 모두 크게 놀라서 "우리는 이런 일을
전혀 본 적이 없다"라고 말하며 하느님을 찬양했다. (마가복음 2:1-
12)

이 예슈아라는 치유사는, 말하자면, 가버나움에 있는 시
몬의 장모의 집에 가게를 차렸는데, 그는 그곳을 갈릴리를
돌아다니며 가르치고 전하고 치유하기 위한 거처로 삼았던
것이지요. 그는 실은 갈릴리의 다른 작은 마을인 나사렛이라
는 곳에서 왔는데요, 어쨌든 이제 저는 그와 가까운 곳에 거
주하고 있었고 벌써 정말 많은 사람들이 그가 어떤 것들을
할 수 있는지 간증하고 있었기 때문에 친구들과 가족이 저를
그에게 데려가려고 고집을 부렸을 때, 저는 '그냥 따라가보
자' 하고 생각했습니다.

자, 우리가 거기에 도달했을 때, 그곳은 도움이 필요한 사
람들로 가득했습니다. 시력이 나쁜 사람, 피부병이 있는 사
람, 부러진 사지를 끌고 온 사람, 굽어진 등을 가진 사람, 도
움이 필요한 모든 형태의 사람들이 있었습니다. 제가 그 무
리를 봤을 때, 저를 들고 온 네 명의 친구들에게 말했습니다.
"사람이 너무 많네. 그냥 집으로 돌아가자. 괜찮아, 여기서

더 나빠져봤자 얼마나 더 나빠지겠어." 하지만 그들은 단호하게 제가 예슈아를 보도록 안으로 집어넣으려고 했습니다. 그들은 마당이 있는 이 집의 지붕으로 올라갔는데, 마당의 일부분은 그 집의 식구들이 태양을 피해 밖에 앉아서 뜨개질을 하거나 생선을 손질하는 활동을 할 수 있도록 덤불로 그늘이 만들어져 있었습니다. 저를 든 사람들이 그 덤불을 벗겨내고 저를 예슈아 앞으로 조심스럽게 내렸습니다. 이때 사람들은 "조심해요!"라고 외치면서 걱정스러운 눈으로 이 광경을 지켜봤는데, 다행히도 저는 예슈아 발 앞에 내려질 수 있었습니다.

솔직히 말하겠습니다. 저는 예슈아가 자신의 손을 제 다리에 얹고서 기도하거나, 아니면 그냥 제 회복을 위해 기도할 것이라고 생각했지만, 그런 일들은 전혀 일어나지 않았습니다! 오히려 예슈아는 전혀 예상하지 못한 말을 했습니다. 갑자기 뜬금없이 "아들이여, 당신의 죄는 사함을 받았습니다"라고 말했습니다. 이건, 정말 충격적이었어요. 그곳에 있는 교사들이 언급한 것처럼, 오직 하느님만이 죄를 용서할 수 있기 때문에 그들은 예슈아를 신성모독죄라며 비난했습니다. 그 순간 분위기가 급격하게 긴장되는 것을 느낄 수 있었습니다. 흥미로운 점은 예슈아가 수동태로 말했다는 것이에요. "하-님은 이미 당신의 죄를 용서했습니다"라는 식으로 말할 수도 있었겠지만, 그럼에도 어떻게 그가 그걸 알 수 있을까요? 저는 최근에 어떤 제물도 드리지 않았고, 제 죄를 회개하지도 않았어요. 사실, 그 순간에 하-님과 저는 그렇게 좋은 관계에 있지 않았어요. 저는 그분께 대한 분노를 가지고 있었거든요.

그 후에 예슈아는 그의 선언에 이의를 제기한 교사들과 논쟁을 하게 됐습니다. 예슈아는 그들에게 질문했습니다. "'당신의 죄가 사함을 받았습니다', 아니면 '일어나서 자리를 걷어서 걸으십시오' 중에서 무엇이 더 쉽습니까?" 날카로운 그 질문에 아무 대답도 못하고 서 있는 교사들을 보면서 저는 약간의 쾌감을 느꼈습니다. "당신의 죄가 사함을 받았습니다"라고 말하는 것이 더 쉬운 것 같아요. 왜냐하면 그것에 대한 물리적 증거가 없어서 사실 여부를 아무도 알 수 없으니까요. 그런데 다시 생각해 보면 다리를 치유하는 게 더 쉬운 일일 수도 있는데, 왜냐하면 의사들도 때로는 병자들을 고치니까요. 그러나 죄를 사하는 더 어려운 일은 하-님만 하실 수 있는 것으로 생각했습니다. 최소한 그때까지 말입니다. 그런데 이번에는 제가 곤란해졌습니다. 왜냐하면 예슈아가 저에게 명령을 내렸거든요. "일어나서 자리를 걷고 걸어

가십시오." 처음에는 이게 터무니없어 보였습니다. 왜냐하면 의지할 수 있도록 손을 내밀어 준 것도 아니고 제가 스스로 하기를 원했기 때문입니다. 하지만 예상치 못하게 저는 제 다리에 감각이 돌아오는 것을 느꼈습니다. 말라비틀어진 다리에 약간의 힘이 돌아온 것을 느꼈습니다. 그래서 한번 해 보기로 했습니다. 비록 약간 휘청거리기는 했지만 제가 사용했던 작은 돗자리를 사용해서 서 있을 수 있었고, 잠시 후 제가 뚜벅뚜벅 집 밖으로 걸어나가자 이를 지켜보던 모든 사람들이 크게 놀랐습니다! 저는 다시 움직일 수 있었습니다. 다시 일할 수 있게 됐어요. 예슈아와 하-님 덕분에 저는 이제 더 이상 쓸모없지 않게 됐습니다.

그 후 저는 이 기적이 저를 예슈아께 데려간 제 가족과 친구들의 믿음과 신뢰에서 비롯된 것임을 깨달을 수 있었습니다. 저는 아직도 그가 '사람의 아들', 곧 죄를 사할 권세가 있는 자라는 주장에 대해서는 어떻게 생각해야 할지 모르겠어요. 하지만 그가 치유자라는 것에는 의심의 여지가 없습니다. 전혀 없습니다. 제가 바로 살아있는 증거니까요. 저는 하-님이 그와 함께하신다는 것을 분명하게 보여주는 증거물 제1호니까요. 저는 지난날을 되돌아보면서 불평과 분노를 통해 하-님과 가족에게 죄를 지었다는 것을 깨달았습니다. 왜냐하면 하느님 때문이 아니라 제 부주의함 때문에 제가 이렇게 된 것이니까요. 왜 예슈아가 처음에 "당신의 죄는 사함을 받았습니다"라고 했는지 그때야 깨달았습니다. 다시 말해서, 치유가 일어나기 전에 저에게 더욱 필요했던 것은 죄 사함을 통해 창조자와 하나가 되는 것이었습니다. 예슈아에 대한 사람들의 평가는 다양하겠지만, 저는 이것 하나만큼은 확실히 말할 수 있습니다. 만약 하느님이 그분과 함께하시지 않는다면 그분은 결코 그런 기적들을 행할 수 없다는 것을요. 그건 부정할 수 없는 사실입니다.

제4장
매춘부

제가 혐오하는 한 가지가 있다면 그것은 바로 위선일 것입니다. 다시 말해, 남자들이 자신들의 욕구를 채워가며 신나게 즐기고서는 이를 다른 사람들에게 들키지 않기 위해 밤에 몰래 다니는 것 말입니다. 그런 면에서 결혼한 남자들은 최악이에요. 그들은 몰래 다니며, 스스로 즐기고, 그런 다음에 공개적으로 매춘을 비난해요! 바리새인 시몬도 그런 남자 중 하나였습니다. 그는 제가 어떤 사람인지 아주 잘 알고 있었습니다. **개인적인** 경험을 통해서 말입니다. 그가 저를 방문하지 않는 동안, 자기 동생이 저를 방문했다는 것을 알고도 한마디도 하지 않았어요. 단 한마디도요!

그에 반해 예슈아는 아주 다른 남자였습니다. 그분은 그런 것을 원해서 오시지 않았습니다. 그분은 제가 상처받고 존엄성을 잃었으며, 도움과 치유가 필요하다는 것을 알고 다가오셨습니다. 그리고 용서까지 베풀어 주셨습니다. 너무 감사했습니다. 그분이 제게 용서받을 수 있다고 말씀하셨을 때 저는 울음을 터뜨리고 말았습니다. 저는 언젠가 그분이 다시 우리 동네를 지나가시면 감사의 표현으로 그분께 뭔가를 하고 싶다고 생각했는데, 때마침 그럴 기회가 찾아왔습니다. 제 이야기를 나중에 이야기한 사람은 이렇게 전했습니다.

바리새파 사람 가운데에서 어떤 사람이 예슈아께 청하여, 자기와 함께 음식을 먹자고 했다. 그래서 예슈아께서는 그 바리새파 사람의 집에 들어가셔서, 상에 앉으셨다. 그런데 그 동네에 죄인인 한 여자가 있었는데, 예슈아께서 바리새파 사람의 집에서 음식을 잡숫고 계신 것을 알고서, 향유가 담긴 옥합을 가지고 와서, 예슈아의 등 뒤로 가서 발 곁에 서더니, 울면서, 눈물로 그 발을 적시고, 자기 머리털로 닦고, 그 발에 입을 맞추고, 향유를 발랐다.

예슈아를 초대한 바리새파 사람이 이것을 보고, 혼자 중얼거렸다. "이 사람이 예언자라면, 자기를 만지는 저 여자가 누구이며, 어떠한 여자인지 알았을 터인데! 그 여자는 죄인인데!"

예슈아께서 그에게 말씀하셨다. "시몬, 당신께 할 말이 있습니다."

시몬이 말했다. "선생님, 말씀하십시오."

예슈아께서 말씀하셨다. "어떤 돈놀이꾼에게 빚진 사람 둘이 있었는데, 한 사람은 오백 데나리온을 빚지고, 또 한 사람은 오십 데나리온을 빚졌습니다. 둘이 다 갚을 길이 없어서, 돈놀이꾼은 둘에게 빚을 없애주었습니다. 그러면 그 두 사람 가운데서 누가 그를 더 사랑하겠습니까?"

시몬이 대답했다. "더 많이 빚을 없애준 사람이라고 생각합니다."

예슈아께서 그에게 말씀하셨다. "당신의 판단이 옳습니다."

그런 다음에, 그 여자에게로 돌아서서, 시몬에게 말씀하셨다. "이 여자가 보이십니까? 제가 당신의 집에 들어왔을 때에, 당신은 저에게 발 씻을 물도 주지 않았습니다. 그러나 이 여자는 눈물로 제 발을 적시고, 자기 머리털로 닦았습니다. 당신은 제게 입을 맞추지 않았지만, 이 여자는 제가 들어올 때부터 줄곧 제 발에 입을 맞추었습니다. 당신은 제 머리에 기름을 발라주지 않았지만, 이 여자는 제 발에 향유를 발랐습니다. 그러므로 제가 당신께 말합니다. 이 여자는 그 많은 죄를 사함 받았습니다. 그것은 그녀가 많이 사랑했기 때문입니다. 용서받는 것이 적은 사람은 적게 사랑합니다."

그리고 예슈아께서 그 여자에게 말씀하셨다. "당신의 죄가 사함을 받았습니다."

그러자 상에 함께 앉아 있는 사람들이 속으로 수군거리기를 "이 사람이 누구이기에 죄까지도 용서하여 준다는 말인가?" 했다.

그러나 예슈아께서는 그 여자에게 말씀하셨다. "당신의 믿음이 당신을 구원했습니다. 평안히 가십시오." (누가복음 7:36-50)

그때는 여름이었습니다. 날씨가 매우 뜨거울 때 길에서 먼지를 뒤집어쓴 손님이 누군가의 집을 방문하면, 그 당시 일반적인 관습은 종이나 그 집안 사람이 손님을 환영할 뿐만 아니라 손님의 발을 씻어주고 피부가 트지 않도록 두피에 기름을 발라주는 것이었습니다. 하지만 시몬은 예슈아가 그의 집에 갔을 때 이 둘을 다 하지 않았습니다. 그렇다면 사람들은 제가 어떻게 들어갈 수 있었는지 의아해 할 수 있는데요, 여름에는 보통 환기를 위해 문을 활짝 열어놓기 때문에 저는 집 안으로 곧장 들어갈 수 있었습니다. 식사하는 공간은 바람이 잘 통하도록 집 앞에 마련된 대가족의 생활 공간에 있었습니다. 예슈아와 시몬은 침상에 기대어 대화에 깊이 빠져 있었기 때문에 처음에 시몬은 저를 보지 못했습니다. 저는 예슈아가 계신 침상 끝에 몸을 숙여서 그분의 발에 제 최고의 향유를 붓기 시작했어요. 그리고 울기도 했습니다. 저는 예슈아와의 만남 이후에, 너무 감격하고, 너무 감사하고, 너무 위안을 얻었습니다. 그래서 마음을 고쳐먹어 수입이 좋은 이 직업을 그만두고 새로운 인생을 시작하기로 결심했습니다. 제 평판이 아직 닿지 않은 다른 마을로 이사해서 그곳에서 새로운 삶을 살 수 있게 해 줄 재산도 충분히 가지고 있었지요. 하지만 예슈아를 다시 만날 때까지 이사를 미뤘습니다. 왜냐하면 그분은 이 해변 마을을 정기적으로 지나가시는데, 예슈아와의 만남을 놓치고 싶지 않았기 때문입니다.

아직도 예슈아가 시몬의 비판을 다루신 방법에 놀라움을 금치 못하겠습니다. 시몬은 예슈아가 제가 어떤 사람인지 모르는 영적으로 무지한 사람이라고 속으로 생각했으나 그분은 이에 반응하지 않으셨습니다. 대신 그분은 늘 하시던 대로 빚과 용서에 대한 이야기를 하셨습니다. 그리고 그분의 말씀은 옳았습니다. 더 많이 용서받은 사람은 더 감사하고 더 많은 사랑을 보일 가능성이 더 큽니다. 예슈아는 제가 더 많이 용서받아서 은혜에 시몬보다 더 큰 감사로 응답한다고 암시하셨습니다. 또 주목할 것은, 예슈아께서 시몬 또한 용서가 필요하다고 암시하신 것이었습니다. 맞아요. 그는 지역 사회의 지도자였지만 저를 비난하면서도 자기 동생이 저와 한 일에 대해서는 묵과했으니까요. 그건 완전한 위선이고 예슈아는 저처럼 그것을 좋아하지 않으셨습니다.

"하-님은 사람을 차별하지 않으십니다"라고 그분은 한때 이야기하셨어요. 하-님은 사람의 명예나 사회의 위치에 대해서 전혀 관심이 없으십니다. 그분은 인간적인 생각을 토대로 정의나 은혜를 내리는 분이 아닙니다. 저는 제가 많은 용서가 필요하다고 쉽게 인정했지만, 모두가 그렇다고 생각합니다. 우리는 모두 죄를 지어 부족한 사람들입니다. 예슈아는 손가락질하지 않으시고 오히려 손을 내미시며, "딸이여, 당신은 더 잘할 수 있습니다. 죄의 용서를 받고 가서 다시는 죄를 짓지 마세요"라고 말씀하셨습니다. 그리고 이 경우에는 이렇게 덧붙이셨습니다. "당신의 믿음이 당신을 자유롭게 했습니다. 하-님의 샬롬, 곧 완전함, 온전함, 평화와 함께 가세요." 저는 그러기로 다짐했습니다. 바로 오늘부터.

제5장
태어날 때부터 보지 못하는 자

갈릴리 바다 가까이 있는 아르벨의 절벽들에 있는 동굴 중 하나에서 긴 시간, 깊이 들어가서 살지 않는 이상, 완전한 어둠이 어떤 것인지 설명하기란 불가능합니다. 사람은 물건을 집고 느낄 수 있기 때문에 모양에 대한 개념을 가지게 되지만, 촉각조차도 사람을 속일 수 있습니다. 세 명의 장님이 코끼리를 만지면서 그것이 무엇인지 묻는 옛 이야기를 기억하실 것입니다. 한 장님은 코끼리의 귀를 만지고는 코끼리가 커다란 야자나무잎 같다고 했지요. 다른 사람은 코끼리의 엄니를 만지고는 코끼리가 명절에 사용하는 산양의 뿔피리인 쇼파르(shophar) 같다고 했어요. 또 다른 사람은 코끼리의 꼬리를 만지고는 코끼리가 밧줄과 같다고 했습니다. 물론 그들은 모두 틀렸습니다. 온전한 코끼리 한 마리는 위에 설명한 그 무엇에도 해당되지 않으니까요.

하지만 시각장애에는 바깥 세상을 제대로 알아내지 못하는 문제 말고도 다른 문제들이 있습니다. 만약 당신이 신실한 사람이고 토라(모세 오경—옮긴이)에서 하나님이 창조하신 빛, 때로는 빛이라고 불리는 하나님의 계시 이야기를 계속 듣는다면, 당신은 소외된 느낌을 받게 됩니다. 빛을 본 적도 없고 빛에 대해 배울 수도 없기 때문입니다. 오직 남들이 그것에 대해 하는 이야기들을 듣기만 할 수 있습니다. 그것은 마치 자신이 하-님의 계획에서 내버려진 것 같다고 느끼게 합니다. 성서는 "어둠 속에서 헤매던 백성이 큰 빛을 보았다"라고 말하겠지만, 저는 예수아가 와서 제 눈에 진흙을 바르기 전까지는 그 말을 할 수 없었습니다. 이 이야기조차, 만약 나중에 제가 회당에서 쫓겨난 후에 예수아께서 다시 제게 오셔서 마침내 직접 대면하고 그분이 하신 것에 경의를 표하지 않았다면, 대부분의 사람들은 알지 못했을 것입니다. 또 만약 저와 가까이 사는 예수아께서 사랑하시는 제자인 베다니의 엘르아살이 예수아가 하-님과 함께하기 위해 떠나신 몇 년 후에 무슨 일이 있었는지 묻지 않았다면 알 사람이 많지 앉았을 것입니다. 그는 제 이야기를 이렇게 전했습니다.

예슈아께서 가시다가, 날 때부터 눈먼 사람을 보셨다. 제자들이 예슈아께 물었다. "선생님, 이 사람이 눈먼 사람으로 태어난 것이, 누구의 죄 때문입니까? 이 사람의 죄입니까? 부모의 죄입니까?"

예슈아께서 대답하셨다. "이 사람이 죄를 지은 것도 아니고 그의 부모가 죄를 지은 것도 아닙니다. 하느님께서 하시는 일들을 그에게서 드러내시려는 것입니다. 우리는 나를 보내신 분의 일을 낮 동안에 해야 합니다. 아무도 일할 수 없는 밤이 곧 옵니다. 제가 세상에 있는 동안, 저는 세상의 빛입니다."

예슈아께서 이 말씀을 하신 뒤에, 땅에 침을 뱉어서, 그것으로 진흙을 개어 그의 눈에 바르시고, 그에게 실로암 못으로 가서 씻으라고 말씀하셨다. ('실로암'은 번역하면 '보냄을 받았다'는 뜻이다.) 그 눈먼 사람이 가서 씻고, 눈이 밝아져서 돌아갔다.

이웃 사람들과, 그가 전에 거지인 것을 보아 온 사람들이 말하기를 "이 사람은 앉아서 구걸하던 사람이 아닌가?" 했다. 다른 사람들 가운데는 "이 사람이 그 사람이다" 하고 말하는 사람이 더러 있었다.

또 더러는 "그가 아니라 그와 비슷한 사람이다" 하고 말하기도 했다.

그런데 눈을 뜨게 된 그 사람은 "제가 바로 그 사람입니다"
하고 말했다.

사람들이 그에게 물었다. "그러면 어떻게 눈을 뜨게 됐습니
까?"

그가 대답했다. "예슈아라는 사람이 진흙을 개어 내 눈에
바르고, 나더러 실로암에 가서 씻으라고 했습니다. 그래서 제
가 가서 씻었더니, 보게 됐습니다."

사람들이 눈을 뜨게 된 사람에게 물었다. "그 사람이 어디에
있습니까?"

그는 "모르겠습니다" 하고 대답했다.

그들은 전에 눈먼 사람이던 그를 바리새파 사람들에게 데
리고 갔다. 그런데 예슈아께서 진흙을 개어 그의 눈을 뜨게 하
신 날이 안식일이었다. 바리새파 사람들은 또다시 그에게 어떻
게 보게 됐는지를 물었다. 그는 "그분이 내 눈에 진흙을 바르신
다음에 내가 눈을 씻었더니, 이렇게 보게 됐습니다" 하고 대답
했다.

바리새파 사람들 가운데 더러는 말했다. "안식일을 지키지
않는 것으로 보아서, 그는 하-님에게서 온 사람이 아니오."

더러는 "죄가 있는 사람이 어떻게 그러한 표징을 행할 수

있겠소?" 하고 말했다. 그래서 그들 사이에 의견이 갈라졌다.

그들은 눈멀었던 사람에게 다시 물었다. "그가 당신의 눈을 뜨게 했는데, 당신은 그를 어떻게 생각하오?"

그가 대답했다. "그분은 예언자입니다."

유대 사람들은, 그가 전에 눈먼 사람이었다가 보게 됐다는 사실을 믿지 않고, 마침내 그 부모를 불러다가 물었다. "이 사람이, 날 때부터 눈먼 사람이었다는 당신의 아들이오? 그런데, 지금은 어떻게 보게 됐소?"

부모가 대답했다. "이 아이가 우리 아들이라는 것과, 날 때부터 눈먼 사람이었다는 것은, 우리가 압니다. 그런데 우리는 그가 지금 어떻게 보게 됐는지도 모르고, 또 누가 그 눈을 뜨게 했는지도 모릅니다. 다 큰 사람이니, 그에게 물어 보십시오. 그가 자기 일을 이야기할 것입니다." 그 부모는 유대 사람들이 무서워서 이렇게 말한 것이다. 예슈아를 그리스도라고 고백하는 사람은 누구든지 회당에서 내쫓기로, 유대 사람들이 이미 결의해 놓았기 때문이다. 그래서 그의 부모가, 그 아이가 다 컸으니 그에게 물어보라고 말한 것이다.

바리새파 사람들은 눈멀었던 그 사람을 두 번째로 불러서 말했다. "영광을 하-님께 돌려라. 우리가 알기로, 그 사람은 죄인이다."

그는 이렇게 대답했다. "나는 그분이 죄인인지 아닌지는 모릅니다. 다만 한 가지 내가 아는 것은, 내가 눈이 멀었다가, 지금은 보게 됐다는 것입니다."

그래서 그들은 그에게 물었다. "그 사람이 네게 한 일이 무엇이냐? 그가 네 눈을 어떻게 뜨게 했느냐?"

그는 대답했다. "그것은 내가 이미 여러분에게 말했는데, 여러분은 곧이듣지 않았습니다. 그러면서 어찌하여 다시 들으려고 합니까? 여러분도 그분의 제자가 되려고 합니까?"

그러자 그들은 그에게 욕설을 퍼부으며 말했다. "너는 그 사람의 제자이지만, 우리는 모세의 제자이다. 우리는 하-님께서 모세에게 말씀하셨다는 것을 알고 있다. 그러나 그 사람은 어디에서 왔는지 우리는 알지 못한다."

그가 그들에게 대답했다. "그분이 내 눈을 뜨게 해주셨는데도, 여러분은 그분이 어디에서 왔는지 모른다니, 참 이상한 일입니다. 하-님께서는 죄인들의 말은 듣지 않으시지만, 하-님을 공경하고 그의 뜻을 행하는 사람의 말은 들어주시는 줄을, 우리는 압니다. 나면서부터 눈먼 사람의 눈을 누가 뜨게 했다는 말은, 창세로부터 이제까지 들어 본 적이 없습니다. 그가 하-님께로부터 오신 분이 아니라면, 아무 일도 하지 못하셨을 것입니다."

그들은 그에게 말했다. "네가 완전히 죄 가운데서 태어났는데도, 우리를 가르치려고 하느냐?" 그리고 그들은 그를 바깥으로 내쫓았다.

바리새파 사람들이 그 사람을 내쫓았다는 말을 예수아께서 들으시고, 그를 만나서 물으셨다. "당신은 사람의 아들을 믿으십니까?"

그가 대답했다. "선생님, 그분이 어느 분입니까? 내가 그분을 믿겠습니다."

예수아께서 그에게 말씀하셨다. "당신은 이미 그를 보았습니다. 당신과 말하고 있는 사람이 바로 그입니다."

그는 "주님, 내가 믿습니다" 하고 말하고서, 예수아께 엎드려 절했다.

예수아께서 또 말씀하셨다. "저는 이 세상을 심판하러 왔습니다. 못 보는 사람은 보게 하고, 보는 사람은 못 보게 하려는 것입니다."

예수아와 함께 있던 바리새파 사람들이 이 말씀을 듣고 나서 말했다. "우리도 눈이 먼 사람이란 말이오?"

예수아께서 그들에게 말씀하셨다. "당신들이 눈이 먼 사람들이라면, 도리어 죄가 없을 것입니다. 그러나, 당신들이 지금 본다고 말하니, 당신들의 죄가 그대로 남아 있습니다." (요한복음

9장)

맞아요. 토라에는 태어날 때부터 시력이 없는 사람에게 시력을 주었다는 기적은 기록되어 있지 않습니다. 또한 우리의 교사들 중 몇몇이 그렇게 할 수 있는 사람은 하느님의 기름 부음 받은 사람이거나 최소한 주님의 날 전에 오는 엘리야와 같은 위대한 예언자여야 한다고 말한 것도 사실입니다. 그래서 저는 예수아가 어떤 호칭을 원하시든지 그대로 받아들일 준비가 되어 있었습니다.

하지만 아이러니한 것은 엄청난 축복이라고 볼 수 있는 시력의 회복이 당장 저에게 문제를 일으켰다는 것입니다. 저는 제 치유자를 부인할 준비도 되지 않았고, 부모님이 제 편을 들어주지 않을 것에 대해서도 준비되지 않았습니다. 저는 제가 가장 있고 싶은 두 장소인 집과 회당으로부터 추방당한 사람이 됐습니다.

공교롭게도 예수아를 따르는 사람들 중 몇이 그분의 죽음과 부활 이후 얼마 되지 않아서 저를 찾아와 그들의 무리에 들어오라고 저를 설득했습니다. 저는 영적 가족을 다시 가지게 된 것이 기뻤습니다. 예수아는 이렇게 말씀하셨어요. "내가 이 땅에 평화를 주러 왔다고 생각하지 마세요. 저는 평화를 주러 온 것이 아니라 칼을 주러 왔습니다. 아들이 자기 아버지와 맞서게 하고 딸이 자기 어머니와 맞서게 하고 며느리가 자기 시어머니와 맞서게 하려고 왔습니다"(마태복음 10:34-35). 제가 예슈아를 따르는 자가 되기 위해 치러야 할 대가가 바로 이것이었는데, 이것은 제가 지불하기에는 정말 큰 대가였습니다.

예슈아가 말씀하신 것처럼, 세상에는 여러 가지 눈멂이 있는데 가장 최악의 종류는 신체적 맹목이 아니라 영적 맹목입니다. 그보다 더한 것은, 하느님의 빛을 볼 수 있다고 주장하면서 그것에 대한 진실을 전하지 않는 것이에요. 그래서 예슈아는 연기자들처럼 어떤 모습을 보이긴 하지만 실제로는 그와 다른 정체성을 가지고 있는 **위선자들**인 바리새인들에게 그렇게 말씀하셨습니다. 그들의 영적 맹목은 핑계가 될 수 없었습니다. 왜냐하면 그들이 하느님의 것들을 '볼' 수 있다고 주장했기 때문입니다. 영적으로 눈먼 사람들이 지도자들이 되어 아직 깨닫지 못한 눈먼 자들을 인도하는 것보다 더 나쁜 것은 없습니다. 이것은 제가 경험한 어둠보다도 훨씬 더 큰 어둠입니다.

얼마가 지난 후, 사랑하시는 제자는 그가 예슈아에 대해 적은 것을 나눴는데요, 그 말씀은 예슈아가 오심으로 인해 있었던 비극과 승리에 대해서 이렇게 말합니다.

> 모든 사람을 비추는 참 빛이 세상에 왔다. 그는 세상에 계셨다. 세상이 그로 말미암아 생겨났는데도, 세상은 그를 알아보지 못했다. 그가 자기 땅에 오셨으나, 그의 백성은 그를 맞아들이지 않았다. 그러나 그를 맞아들인 사람들, 곧 그 이름을 믿는 사람들에게는, 하느님의 자녀가 되는 특권을 주셨다. 이들은 혈통에서나, 육정에서나, 사람의 뜻에서 나지 아니하고, 하느님에게서 났다. (요한복음 1:9-13)

저는 이제 늙었지만, 제가 처음으로 실로암 연못의 물을 제 얼굴에 끼얹은 뒤, 제 시력이 회복되고 이와 동시에 제 인생의 진정한 의미 역시 볼 수 있게 된 참 시력이 생겼을 때에 제 인생이 다시 시작된 것 같습니다. 가끔 궁금해했습니다. 예슈아가 그냥 저를 만지기만 하셔도 됐는데 왜 저에게 우물가에 가서 눈을 씻도록 시키셨는지요. 하지만 최근에는 그분이 제가 그 치유에 참여하기를 원하신 것은 아닐까 생각하게 됐습니다. 그날을 통해, 빛을 볼 수 있게 되고 또한 누가 세상의 참 빛이신지를 알게 된 것을 하느님께 감사드립니다.

제6장
야이로의 딸

혹자는 말합니다. 딸을 잃는 것은 아들을 잃는 것과는 다르다고요. 그들은 딸이 상속이나, 재산, 가문의 이름을 세우는 것과 유산에 관해 아들보다 덜 중요하다고 말합니다. 그들은 심지어 농사나 장사를 할 때, 딸이 아들보다 쓸모없다고도 말합니다. 몇은 딸들은 교육을 받을 필요가 없고 토라를 가르쳐서도 안 된다고까지 말합니다. 딸들은 좋은 가문 출신의 토라를 잘 지키는 성실한 젊은 남자와 결혼하도록 준비되기만 하면 된다고 합니다. 그것이 가문에 더 큰 명예를 가지고 오고, 가능하다면 더 많은 재산도 가져올 것이라고 합니다. 그런 말들을 하는 사람들에게 저는 말하고 싶습

니다. '부끄러운 줄 아세요! 딸들 역시 아들들만큼이나 하-님
께서 주신 선물이고 어떤 면에서는 아들보다도 더 귀할 수
있습니다.' 그런 사람들은 룻의 이야기나 심지어 에스더나
유딧의 이야기도 읽어본 적이 없나 봅니다.[1]

출산 중에 아이를 잃는 것은 또 별개의 일입니다. 이 일
은 우리가 사는 세상에서는 자주 일어나는 일이고 언제나 슬
픈 일입니다. 하지만 자라는 것을 지켜보고 함께 기도하고
먹이고 입히며 12년 동안 키운 딸을 잃는다는 것은 또 다른
일이지요! 그렇다면 많은 이들이 제 12살짜리 딸인 도다이
(Dodai)가 죽을 병에 걸렸을 때 제가 왜 예슈아라는 치유사를
미친듯이 찾아다녔는지 이해하실 수 있을 것입니다. 후에 저
는 마을과 회당에서 일하는 필경사에게 그 놀라운 날에 대해
쓰도록 했습니다. 왜냐하면 그는 저보다 글을 훨씬 더 수려
하게 쓸 수 있었기 때문이지요. 그가 쓴 내용은 이러합니다.

---

1. 그리스어 구약(칠십인역)에 들어 있는 유딧서는 고대 유대교에서는
   정경 밖에 있는 책이지만, 가톨릭과 정교회 성경에는 제2경경으로 포
   함되어 있습니다. 유딧서는 한 유대인 여성이 홀로페르네스라는 이방
   인 장군을 유혹해서 참수하는 이야기입니다. 이 이야기는 더 오래된
   사사기 4장의 드보라와 야엘의 이야기를 기반으로 하고 있는 것으로
   보입니다.

예슈아가 호수 저편으로 건너가셨는데 큰 무리가 그에게로 모여들었다. 그때 회당장 중 하나인 야이로라 하는 사람이 와서 예슈아를 보았을 때 그의 발 앞에 엎드렸다.

그는 간청했다. "제 어린 딸이 죽어가고 있습니다. 제발 오셔서 손을 그 아이에게 얹으셔서 그 아이가 낫고 살 수 있도록 해주세요." 그래서 예슈아는 그와 함께 갔다. (마가복음 5:21b-24a)

이 시점에서 이야기를 잠시 멈추고 설명을 해야겠는데요, 예슈아가 제 집에 오는 것을 지연시킨 놀라운 사건이 있었다는 것입니다. 말도 안 되게 큰 군중이 저희를 둘러싸고 있었습니다. 치유를 필요로 하는 사람들이 너무나도 많았어요. 의사들은 별 도움이 안 됐기 때문에 예슈아는 어디를 가든 무리에게 둘러싸였습니다. 이번에도 그런 경우였습니다. 나중에 알고 보니, 하혈의 문제가 있는 한 여인이 치유받기 위해 예슈아를 만졌는데 거의 즉시 회복됐습니다. 하지만 우리 신앙의 좋은 스승이신 예슈아께서는 그 여인이 무엇이 혹은 누가 자신을 고쳐 주었는지 이해했는지를 확인하기 위해 멈추어 서셨습니다. 그녀가 마술에 의존하는 신앙, 즉 마치 성인의 옷자락만으로도 누구를 고칠 수 있다는 것과 같은 신앙을 갖지 않기를 바라셨던 것 같습니다.

하지만 그 여인 때문에 예슈아가 저희 집에 오시는 것이 지연되고 있었을 때 제가 얼마나 심란했을지 상상이 가실 것입니다. 제 안에서 불안감은 계속 커져가고 있었지만, 제 딸의 치유는 원하면서 다른 사람이 치유되는 현장은 방해하는, 그런 염치없는 행동은 차마 할 수 없었습니다. 예슈아가 다시 제 집으로 이동하기 시작하실 때까지는 영겁의 시간이 지난 것 같습니다. 드디어 이동하기 시작하셨을 때 끔찍한 소식이 도착했습니다! 제 기록자는 이렇게 적었습니다.

회당장인 야이로의 집에서 사람들이 왔다. "따님이 죽었습니다." 그들은 말했다. "이제 선생님을 더 괴롭혀서 무엇하겠습니까?"

예슈아께서 이 말을 곁에서 들으시고서, 회당장에게 말씀하셨다. "두려워하지 말고 믿기만 하십시오."

그리고 베드로와 야곱과 야곱의 동생 요한 밖에는, 아무도 따라오는 것을 허락하지 않으셨다. 그들이 회당장의 집에 이르렀다. 예슈아께서 사람들이 울며 통곡하며 떠드는 것을 보시고, 들어가셔서 그들에게 말씀하셨다. "어째서 떠들며 울고 있습니까? 그 아이는 죽은 것이 아니라 자고 있습니다." 그들은 예슈아를 비웃었다.

　　그러나 예슈아께서는 그들을 다 내보내신 뒤에, 아이의 부모와 일행을 데리고, 아이가 있는 곳으로 들어가셨다. 그리고 아이의 손을 잡으시고 말씀하셨다. "달리다굼!" (이는 번역하면 "소녀야, 내가 네게 말한다. 일어나거라" 하는 말이다.) 그러자 소녀는 곧 일어나서 걸어 다녔다. 소녀의 나이는 열두 살이었다. 사람들은 크게 놀랐다. 예슈아께서, 이 일을 아무에게도 알리지 말라고 그들에게 엄하게 명하시고, 소녀에게 먹을 것을 주라고 말씀하셨다. (마가복음 5:35-43)

이 기적 앞에서 저와 제 아내는 큰 위로를 받았고 말할 수 없는 기쁨을 누렸습니다. 기록자가 나름 상세하게 그때의 일을 기록했으나 그가 이 이야기에서 미처 설명하지 못한 내용들이 있어서 그것들을 나누려고 합니다.

　　첫째로, 우리의 애도 관습을 이해해야 합니다. 경제적으로 여유가 있는 가정은 보통 장례가 있을 때 전문 대곡꾼을 고용합니다. 이들은 대개 집과 무덤에서 눈물을 흘리며 곡하는 여성들과 피리를 불며 애가를 연주하는 사람들입니다. 이것이 일주일 정도 이어집니다. 가끔 친구들과 친척들이 와서 유가족과 함께 **쉬바**(Shiva: 유대인의 7일 애도 기간—옮긴이)에 앉는데, 이것은 그들이 음식을 들고 와 유가족들과 조용히 함께 앉아서 그들과 함께 애도하는 것을 가리킵니다.

하지만 우리의 경우는 우리가 와달라고 요청하기 전에 곡하는 사람들이 나타났어요. 우리 마을은 작은 마을이라 소문이 금방 퍼져서 약간의 돈을 벌 수 있는 기회를 포착한 사람들이 예고 없이 나타났습니다. 제가 이것을 언급하는 이유는 기록자가 이야기하길 예슈아가 "그녀는 죽지 않고 자고 있을 뿐입니다"라고 말씀하셨을 때 사람들이 비웃었다고 썼기 때문입니다. 이들은 제 친지들이 아니라 전문 대곡꾼들입니다! 그들은 진심으로 우리와 함께 슬퍼하는 것에는 관심이 없고 그저 보수를 받는 데에만 관심이 있었다는 것을 알 수 있습니다.

또 하나 명확하게 하고 싶은 것은, 예슈아가 죽음과 잠에 대해서 말씀하신 게 어떤 뜻인지에 관해서입니다. 우리 딸은 정말 죽었지만 예슈아는 부활을 믿는 분이었고 그저 믿을 뿐만 아니라 부활이 실제로 일어나게 하셨습니다. 요점은, 부활을 믿는 사람들은 죽음을 잠보다 더 영구적인 것으로 보지 않기 때문에 죽음을 '잠'이라고 부릅니다. 새것처럼 상쾌하고 기분 좋게 되돌아 올 수 있는 잠처럼요. 예슈아는 죽으면 잠에 들게 되는 것이라고 말하려는 것이 아니었습니다. 그의 유명한 부자와 나사로의 비유를 보면 그분이 우리가 사후에

잠을 자게 될 것이라고 믿지 않았다는 것을 확실히 알 수 있습니다.

예슈아에 대해 가장 감명을 받은 부분 중 하나는 그분이 많은 무리 앞에서 도다이를 극적으로 살려내는 모습을 내보이는 것에 관심이 없었다는 것입니다. 그분은 기적을 일으켜서 자신에게 관심이 집중되는 것을 원하지 않는 것처럼 보였습니다. 오히려 그분은 순수하게 연민을 가지고 행동하시는 분이셨지요. 그래서 그분은 기적의 현장에 저와 제 아내를 제외하고는 단 세 명의 제자들만 데리고 오셨습니다. 한편 그에게 감동받은 부분이 더 있습니다.

예슈아는 도다이를 인격체로 대하셨습니다. 그분은 아람어로 말씀하셨어요. "탈리타 쿠미"(talitha cumi). 이게 무슨 뜻이냐면 "작은 소녀야 일어나거라"입니다. 그분은 그녀가 인격체이니 물건이나 시체처럼 취급되지 않아야 한다는 것을 아셨습니다. 아이가 바로 앉았을 때 저희는 탄성을 질렀고 눈에서는 기쁨의 눈물이 흘렀습니다. 그 후 그분은 말씀하셨습니다. "그녀에게 무언가 먹을 것을 주세요." 그분은 계속해서 제 딸의 건강에 관심이 있으셨습니다. 또한 치유 행위를 통해 사람들로부터 찬사를 받거나 자신의 명예가 드높아지는 것에는 관심이 없으셨고, 그저 아이가 나아지는 것에만 관심을 두셨습니다. 저는 나중에 예슈아가 이 엄청난 기적을 그러한 방식으로 하셨던 이유는 도다이를 구경거리나 사람들의 이야깃거리가 되지 않도록 하기 위함이라고 확신하게 됐습니다. 우리 다섯 명을 제외한 그 누구도 그때 무슨 일이 일어났는지 정확히 알지 못했지만, 우리는 사랑하는 딸에게 그때의 일을 설명할 것이고 또한 우리가 믿을 수 있는 사람들에게는 그 일을 전할 것입니다. 예슈아가 하혈의 문제가 있는 여인에 대해 말씀하신 것처럼 제 딸 역시 귀중한 가치를 가진 아브라함의 자녀인, 하-님의 눈에 보시기에 소중한 아이입니다. 사람들이 예슈아에 대해 무슨 말을 하든 전 상관하지 않습니다. 다만 제가 아는 것은 하-님이 그분과 함께 하셨다는 것입니다. 하-님이 함께하지 않으신다면 누구도 죽은 자를 살려낼 수 없을 테니까요.

제7장
니고데모

아직도 그때의 일들이 다 이해되지는 않습니다. 왜 그럴 때 있잖아요? 일이 너무 급속도로 진행돼서 나중에 가서야 충분한 생각을 거친 뒤에 그 사건의 의미와 중요성을 깨닫게 되는 그런 경우 말입니다. 아셔야 할 게, 저는 교사이고 그래서 원체 많은 생각들을 하고 사는데, 그런 저에게 예슈아는 아주 큰 도전을 주셨습니다. 저는 성서의 깊은 부분들과 신앙의 심오한 것들을 조금은 파악했다고 생각했었습니다. 하지만 도리어 발견한 것은 다시 원점으로 돌아가서 처음부터 모든 것을 다시 확인해봐야 한다는 것이었습니다.

예슈아의 사역은 불과 3년 남짓해서 제가 초창기에 가서 그를 만났던 때와 그분의 재판, 처형 그리고 매장 사이의 간극은 그리 길지 않았습니다. 예슈아를 만났던 그날 밤에 저는 그의 깊은 통찰력에 놀랐는데, 그로부터 몇 년 뒤에 저는 그의 시신을 덮을 천에 사용할 향신료가 든 커다란 포대를 끌고 가고 있었습니다. 이 두 장면을 나란히 놓고 볼 때 불편하고도 혼란스러웠다는 것은 말로는 표현하기 어려울 것입니다.

그리고 그 후에는 여파가 있었는데요, 예슈아의 제자였던 사람들과 그분의 동생인 야곱[1] 같은 사람들이 자신들이 예슈아가 살아 있는 것을 장례 이후에 봤다고 주장하고 다닌 것입니다! 저는 다른 바리새인들처럼 부활을 믿지만, 예슈아가 이전에 암시하신 것처럼(요한복음 5:28-29) 마지막 때에 모든 의인들이 되살아나게 될 때보다 죽은 자가 먼저 일어날 거라고는 예상하지 못했습니다. 그의 형이 죽은 후에 저는 예루살렘에서 여러 해 동안 야곱을 알고 지냈는데요, 그는 여전히 토라를 지키면서도 아직도 자기 형이 메시아라고 주장했습니다! 십자가 처형 이후에 무언가가 그를 확실히 바꿔

---

1.   우리가 야고보(James)로 알고 있는 주님의 형제의 실제 이름은 야곱(Jacob)입니다. 신약에 나오는 모든 야고보라는 이름이 실은 야곱입니다. 영어 이름인 James는 야곱이 스페인어인 Jaime에서 영어인 James로 바뀌었기 때문에 생긴 현상입니다.

놓았습니다. 왜냐하면 야곱은 그전에는 예슈아가 기적을 일으키는 사람들 중에 하나일지도 모른다 정도로만 생각했었기 때문입니다(요한복음 7:5). 예슈아의 사역 기간에 그의 동생 야곱은 그의 제자가 아니었습니다. 더더욱 당황스러운 일이 그다음에 일어났는데요, 제 동료 바리새인인 다소의 사울조차 살아나서 승천하신 예슈아를 봤다고 **주장했던** 것입니다! 이런 현상들을 어떻게 이해해야 할지 몰랐습니다. 사울은 '그 도'에 대해 워낙 강경하게 반대하며 예루살렘에 있는 스승 가말리엘의 충고도 듣지 않고 예슈아를 따르는 자들을 핍박했던 사람이기 때문입니다(참고, 사도행전 5:33-42). 그리고 이제는 온 제국에 걸쳐 수많은 이방인들이 예슈아 운동에 참여하고 있습니다. 그래서 저는 자문해봅니다. 예슈아가 진짜 유대인의 메시아고 열방의 빛이며 그분의 제자들은 하-님의 뜻을 실천하고 있는 자들인 게 가능한가?

　가장 마지막으로 놀랐던 때는 예루살렘 근교 베다니에 살아 제가 한때 알던, 예슈아의 목격자 중 하나가 쓴 문서를 읽었을 때입니다. 그의 이름은 엘르아살이었고[2] 예슈아께서는 그를 사랑하시는 제자라고 불렀습니다. 저는 이제 아주 늙은 노인이 됐는데 제가 예슈아의 많은 추종자들에게 잘 알

2.　나사로를 가리키는 히브리어 형태입니다.

려졌다고 하네요. 사람들은 제가 그의 사역과 관련된 이야기의 한 부분을 차지했기 때문이라고 합니다. 그것은 전혀 예상하지 못한 일입니다. 도움이 될지 모르겠지만, 그 글은 이렇게 이야기합니다.

바리새파 사람 가운데 니고데모라는 사람이 있었다. 그는 유대 사람의 한 지도자였다. 이 사람이 밤에 예슈아께 와서 말했다. "랍비님, 우리는, 선생님이 하-님께로부터 오신 분임을 압니다. 하-님께서 함께하지 않으시면, 선생님께서 행하시는 그런 표징들을, 아무도 행할 수 없습니다."

예슈아께서 그에게 말씀하셨다. "저는 진실로 진실로 당신에게 말합니다. 누구든지 다시 나지 않으면, 하-님 나라를 볼 수 없습니다."

니고데모가 예슈아께 말했다. "사람이 늙었는데, 그가 어떻게 태어날 수 있겠습니까? 어머니 배 속에 다시 들어갔다가 태어날 수야 없지 않습니까?"

예슈아께서 대답하셨다. "저는 진실로 진실로 당신에게 말합니다. 누구든지 물과 성령으로 나지 아니하면, 하-님 나라에 들어갈 수 없습니다. 육에서 난 것은 육이고, 영에서 난 것은 영입니다. 당신들이 다시 태어나야 한다고 제가 말한 것을 이상히 여기지 마세요. 바람은 불고 싶은 대로 불지요. 당신은 그 소리는 듣지만 어디에서 와서 어디로 가는지는 모릅니다. 성령으로 태어난 사람은 다 이와 같습니다.”

니고데모가 예슈아께 물었다. “어떻게 이런 일이 있을 수 있습니까?”

예슈아께서 대답하셨다. “당신은 이스라엘의 선생이면서, 이런 것도 알지 못하십니까? 저는 진실로 진실로 당신에게 말합니다. 우리는 우리가 아는 것을 말하고 우리가 본 것을 증언하는데, 당신은 우리의 증언을 받아들이지 않습니다. 제가 땅의 일을 말하여도 당신이 믿지 않는데, 하물며 하늘의 일을 말하면 어떻게 믿겠습니까? 하늘에서 내려온 이 곧 사람의 아들 밖에는 하늘로 올라간 이가 없습니다. 모세가 광야에서 뱀을 든 것같이, 사람의 아들도 들려야 합니다. 그것은 그를 믿는 사람마다 영생을 얻게 하려는 것입니다.

하-님께서 세상을 이처럼 사랑하셔서 외아들을 주셨으니, 이는 그를 믿는 사람마다 멸망하지 않고 영생을 얻게 하려는 것입니다. 하-님께서 아들을 세상에 보내신 것은, 세상을 심판하시려는 것이 아니라, 아들을 통하여 세상을 구원하시려는 것입니다. 아들을 믿는 사람은 정죄를 받지 않습니다. 그러나 믿지 않는 사람은 이미 심판을 받았습니다. 그것은 하-님의 독생

자의 이름을 믿지 않았기 때문입니다. 심판을 받았다고 하는
것은, 빛이 세상에 들어왔지만, 사람들이 자기들의 행위가 악
해서 빛보다 어둠을 더 좋아했다는 것을 뜻합니다. 악한 일을
저지르는 사람은, 누구나 빛을 미워하며, 빛으로 나아오지 않
습니다. 그것은 자기 행위가 드러날까 봐 두려워하기 때문입니
다. 그러나 진리를 행하는 사람은 빛으로 나아옵니다. 그것은
자기의 행위가 하-님 안에서 이루어졌음을 드러내려는 것입니
다." (요한복음 3:1-21)

이 만남에 대해 많은 이야기들을 할 수 있고, 그 내용들
은 저를 전혀 좋게 묘사하지 않지만, 슬프게도 정확한 묘사
라고 인정합니다. 저는 예슈아가 심지어 나이 든 경건한 유
대인들조차 하-님의 영으로 다시 태어나서 새로 시작해야 된
다고 말한 것에 너무 놀라고 얼떨떨했습니다. 그때 그가 말
했던 것들을 하나하나 곰곰이 생각해가며 그것들이 결국 무
슨 의미인지 깨닫게 되는 데에는 꽤나 오랜 시간이 걸렸는
데, 지금 이 이야기를 통해 그때의 기억을 상기시킬 수 있어
서 기쁩니다. 제 주변에 있는 대부분의 사람들은 사람이 성
인의 때에 극적으로 변화될 수 있다고 믿지 않습니다. 우리
는 '표범이 그 무늬를 바꿀 수 있느냐?' 같은 격언을 사용하

는데, 그 대답들은 당연히 부정적입니다. 하지만 만약 사울이 그렇게 근본적으로 변화될 수 있었다면, 하느님의 도움으로 누구나 변화될 수 있을 것입니다.

예슈아가 이 사건에 대해 언젠가 엘르아살과 나눴나 봅니다. 저는 예슈아가 '물에서' 탄생한다고 말씀하실 때 요한의 세례가 아니라 육체적인 출생을 말씀한 것이며, 따라서 다시 태어나는 것은 육체적 출생 이후에 있는 영적 탄생을 의미했다는 것을 (나중에야) 알게 됐습니다. 처음에는 예슈아가 같은 종류의 물리적 출생에 대해서 말하고 있다고 잘못 생각했습니다. 그는 그런 말을 하려던 것이 아니었습니다. 아마 예슈아도 요한처럼 이스라엘이 너무 멀리 방황하여 길을 완전히 잃었기 때문에 하느님에 대해 다시 새로 시작해야 된다고 생각했던 것 같습니다.

예슈아의 가르침에서 두 번째 이상한 점은 그가 주기적으로 자신의 말을 '아멘'('진실로'—편집자)이라는 단어로 시작하면서 동시에 한 번도 현재나 과거의 유대 교사들을 인용해서 자신의 주장들을 뒷받침하지 않았다는 것입니다. 이 두 가지 요소만으로도 상당히 놀라운 게, 예슈아가 자신의 말에 권위가 있다고 확신했기 때문에, 과거 현인들의 지지가 필요하지 않다고 스스로 생각했다는 사실을 알 수 있기 때문이지요. 추가로 자신의 가르침에 '아멘'이라고 하는 것은 자기가 자신의 가르침에 대해 증언할 수 있어서, 다른 누군가가 '그럴 것입니다' 하고 '아멘'할 필요가 없었다는 것을 암시합니다. 이렇듯 그분의 말에서는 참으로 이상하면서도 강력한 무언가를 느낄 수 있습니다. 그가 자신의 다가올 죽음을 모세의 뱀 형상이 들려지는 것과 비교한 신비에 대해서는 더 깊이 들어갈 생각이 없습니다. 이런 것들이 그가 말한 심오한 내용인데, 그것들에 대해 오래 고민했지만 저는 아직도 완전히 이해를 못하고 있습니다.

앞의 기록에서 "하-님이 세상을 이처럼 사랑하사"로 시작하는 마지막 단락은 엘르아살이 나중에 예슈아의 사역과 행동들의 의미를 해석한 부분 같습니다. 제게는 그때 예슈아가 이렇게 말한 기억이 없거든요. 제 기억에는 앞의 기록의 문장에 나온 것처럼 예슈아가 자신을 3인칭으로 이야기한 적이 없었습니다. 이 이야기를 하니 또 다른 한 사건이 생각납니다. 예슈아의 사역 중에 저도 포함됐던 더 슬픈 이야기입니다.

저는 예루살렘의 산헤드린(Sanhedrin: 고대 유대의 최고 의결 기관—옮긴이)의 일원이었습니다. 저는 예슈아에 대한 첫 조사가 있었을 때, 가야바의 집에 없었지만 목격자의 진술을 들고 판결이 내려진 뒤에는 그곳에 있었습니다. 가야바의 마지막 판결을 촉발한 것은 예슈아가 메시아일지 모른다는 사실이 아니었습니다. 이 가능성을 주장하는 것이 신성모독은 아니었으니까요. 오히려 그것보다는 예슈아가 다음과 같이 말했던 것 때문에 후에 대제사장이 자신의 옷을 찢고 예슈아를 본디오 빌라도에게 내어주게 됐습니다. 저는 그 말들을 잊지 못할 것입니다. "제가 그입니다. 당신들은 사람의 아들이 권능자의 오른쪽에 앉아 있는 것과 하늘 구름을 타고 오는 것을 보게 될 것입니다"(마가복음 14:62). 우리 모두 그가 자주 자신을 가리켜 '사람의 아들'이라고 부른다는 것을 알고 있었고 여기에서 그는 자신에게 영적 능력과 권위가 있다고 주장하는 것으로 보였으며 자신이 '놀랍고 두려운 주님의 날'에 와서 세상을 심판하는 자라고 하는 것 같았습니다. 다른 말로 하면, 가야바는 자신이 예슈아를 심판하고 있다고 생각했는데, 예슈아는 자신을 협박하거나 정죄한 가야바와 다른 자들을 신적 존재로 돌아와서 심판할 것이라고 약속하고 있었습니다. 가야바는 이것을 받아들일 수가 없었고, 이런 예슈아의 주장이 신성모독이라고 생각했습니다. 오직 하-님만이 언젠가 오셔서 세상을 심판하실 수 있거든요. 그래서 예슈아는 정죄됐고 로마의 권위자들에게 넘겨졌습니다. 다음의 기록을 보십시오.

유대 사람들은 그날이 유월절 준비일이므로, 안식일에 시체들을 십자가에 그냥 두지 않으려고, 그 시체의 다리를 꺾어서 치워달라고 빌라도에게 요청했다. 그 안식일은 큰 날이었기 때문이다. 그래서 병사들이 가서, 먼저 예슈아와 함께 십자가에 달린 한 사람의 다리와 또 다른 한 사람의 다리를 꺾고 나서, 예슈아께 와서는, 그가 이미 죽으신 것을 보고서, 다리를 꺾지 않았다. 그러나 병사들 가운데 하나가 창으로 그 옆구리를 찌르니, 곧 피와 물이 흘러나왔다. 이것은 목격자가 증언한 것이다. 그래서 그의 증언은 참되다. 그는 자기의 말이 진실하다는 것을 알고 있다. 그는 여러분들도 믿게 하려고 증언한 것이다. 일이 이렇게 된 것은, '그의 뼈가 하나도 부러지지 않을 것이다' 한 성경 말씀이 이루어지게 하려는 것이었다. 또 성경에 '그들은 자기들이 찌른 사람을 쳐다볼 것이다' 한 말씀도 있다.

그 뒤에 아리마대 사람 요셉이 예슈아의 시신을 거두게 하여 달라고 빌라도에게 청했다. 그는 예슈아의 제자인데, 유대 사람이 무서워서, 그것을 숨기고 있었다. 빌라도가 허락하니, 그는 가서 예슈아의 시신을 내렸다. 또 전에 예슈아를 밤중에 찾아갔던 니고데모도 몰약에 침향을 섞은 것을 백 근쯤 가지고 왔다. 그들은 예슈아의 시신을 모셔다가, 유대 사람의 장례 풍속대로 향료와 함께 삼베로 감았다. 예슈아가 십자가에 달리신 곳에 동산이 있었는데, 그 동산에는 아직 사람을 장사한 일이 없는 새 무덤이 하나 있었다. 그날은 유대 사람이 안식일을 준비하는 날이고, 또 무덤이 가까이 있었기 때문에, 그들은 예슈아를 거기에 모셨다. (요한복음 19:31-42)

저는 마치 몽롱한 사람처럼 예슈아에게 일어난 것을 보고 큰 충격에 빠져 있었습니다. 저는 열두 제자가 모두 버리거나 부인하거나 배신한 예슈아를 떠나지 않고 십자가 밑에서 예슈아의 어머니와 함께 용감하게 서 있었던 엘르아살로부터 더 상세한 이야기를 들을 수 있어서 기쁩니다. 아리마대의 요셉은 좋은 친구였습니다. 그처럼 저도 예슈아에 대해 큰 기대를 했고, 그처럼 하느님께서 자기 백성을 구원하시고 통치하시는 나라가 이 땅에 오기를 갈망했습니다. 저는 예슈아가 그 수단 중 하나가 될 수 있다고 생각했고 산헤드린이 예슈아를 반대하는 표를 던졌을 때 요셉과 함께 침묵했습니다. 십자가형이란 하느님이 예슈아를 버리셨다는 증거이거나 더 심하게 보면 그를 저주하셨다는 것일 테니 요셉과 제 마음은 무거웠습니다. 우리는 동족인 유대인이 유월절에 십자가에 달려있는 것을 원치 않았던 것뿐만 아니라 예슈아가 말하고 행했던 선한 일들을 기리고 싶었습니다. 십자가형을 당한 유대인들은 보통 계곡에 버려지거나 이름도 없는 일반적인 분묘에 묻혔는데, 우리는 그를 위해서만큼은 명예로운 장례식을 치러야 한다고 생각했습니다. 예슈아에 의해 치유되거나 도움을 받거나 가르침을 받았던 모든 사람들이 그분이 다른 죄수들처럼 그렇게 버려지는 것을 원하지 않았을 것이기 때문입니다.

그런 이유로 요셉은 빌라도에게 갔는데, 자신을 성가시게 하던 이 모든 일이 끝난 것을 두고 기뻐했던 그는 요셉이 시신을 회수하는 것을 흔쾌히 허락했습니다. 저는 큰 향신료 포대를 끌고 요셉과 함께 그의 무덤에 갔습니다. 솔직히 저는 향신료 장수가 추천한 대로 생각 없이 구입해서 가지고 왔는데 나중에 보니 그는 제대로 한몫을 잡으려고 했고 그가 성공했다는 걸 알게 됐습니다. 그때 저는 너무 충격에 빠진 나머지 흥정도 하지 않은 채 그냥 달라는 대로 지불했거든요. 나중에 알게 된 건, 그 정도 양의 향신료를 사용해서 장사를 치르는 사람은 왕들뿐이라는 사실입니다. 애도의 기간에 많은 사람들이 왕들의 무덤을 방문할 것이고 부패된 시신의 악취를 막기 위해 많은 향신료가 사용되기 때문이지요.

요셉의 무덤이 하루 하고 반나절이 지난 후에 텅 비게 된 것에 대해 제가 어떤 생각을 가지고 있었는지 궁금하실 거예요. 음, 우선 우리는 도굴이 익숙합니다. 슬프게도 그것은 유대에서조차 흔히 일어나는 일입니다. 생존하거나 부유해지기 위해 안달이 난 사람들이 보석이나 귀중품을 찾으려고 무덤들을 텁니다. 하지만 이것이 예슈아의 무덤에 일어났을 확률은 매우 낮습니다. 우리는 한 명이 아니라 두세 명이 밀어도 쉽게 움직이지 않을 커다란 바위를 굴려서 무덤이 닫힌 것을 확인했기 때문입니다.

예슈아의 시신과 관련하여 뭔가 다른 일이 일어났던 것 같습니다. 이미 시간이 많이 지났기에 말씀드릴 수 있는 것은, 예슈아를 적대하던 많은 유대인들이 예슈아 문제가 '해결'되지 않을까 두려워한 나머지 계속해서 시신을 찾았지만 그 누구도 찾을 수 없었다는 사실입니다. 만약에 제자들이 최초의 무덤과 가까운 곳에 예슈아를 다시 묻었다면 분명히 그 소문을 들은 사람이 있었을 것입니다. 왜냐하면 가야바가 사람들을 시켜서 시신을 찾고 다녔으니까요. 하지만 그들은 그 무엇도 찾을 수가 없었고 이제는 그 누구도 그것을 찾지 않습니다. 한마디로 사건이 종결된 것이지요.

그런데 시신 찾기가 종결된 데 반하여 아직 종결되지 않은 게 하나 있는데, 그것은 바로 예슈아의 추종자들의 수가 줄어들지 않고 오히려 늘어나고 있다는 사실입니다. 예슈아에 대한 선언이 잠재워질 수 없었고 이제는 로마 제국의 많은 곳들에서 그분에 대해서 들을 수 있습니다. 최근에 로마에서 온 한 유대인과 이야기를 나눈 적이 있었는데, 제국의 심장인 그곳에서조차 예슈아의 추종자들이 많다고 하더군요. 그의 부활과 그가 살아서 천국에 있다는 말이 계속 선포되고 있습니다. 저의 경우는, 아직도 기도하며 이것들에 대해 고민하고 있어요. 저는 스스로 물어봅니다. 이것들이 정말로 사실일 수 있을까? 예슈아는 이스라엘의 소망이고 열방의 빛이었고 지금도 그러한가? 그럴지도 모르겠어요. 어쩌면 저는 가말리엘이 예슈아의 추종자들에게 말씀하신, "만약 그들의 계획이나 활동이 사람에게서 난 것이라면 망할 것이요, 하-님에게서 난 것이면 여러분은 그것을 없애 버릴 수 없소. 도리어 여러분이 하-님을 대적하는 자가 될까 봐 두렵소"(사도행전 5:38-39)라고 한 말을 받아들여야 했을지도 모릅니다. 하지만 저는 아직 그러고 싶은 마음이 전혀 없습니다. 그래서 저는 예슈아가 제게 "니고데모, 당신은 다시 태어나야 합니다"라고 처음으로 말했던 것을 더 곱씹어 봐야겠습니다.

제8장
미리암과 마르다

저에게는 불만이 있습니다. 왜 좋은 소식에 대한 이야기들은 거의 항상 예슈아의 갈릴리 제자들에게만 집중할까요? 기록자는 예슈아가 유대(Judea)에도 정기적으로 오셨고 유대 제자들도 있었다는 것을 기억하지 못하는 걸까요? 아니요, 저는 예슈아를 배반한 저 악명 높은 가룟에서 온 유다(Judas)를 말하는 것이 아닙니다. 제 가족, 즉 미리암, 엘르아살 그리고 저 마르다 같은 사람들을 말하는 것이에요. 다행히, 한때는 바울의 동행인이었던 누가랑 엘르아살이 그들의 글에서 그 문제를 바로잡기 시작했습니다. 혹자는 한때 베드로의 동행인이고 예루살렘의 거주민이었던 마가가 이 문제

를 해결하거나, 최소한 유대인 그리스도인들을 위해 쓴 마태
가 그랬을 것이라고 생각했을 수도 있습니다. 하지만 아니
요! 무슨 이유 때문인지 그들은 이 문제를 별로 다루지 않았
습니다. 이제 예슈아의 죽음으로부터 한 세대가 조금 넘게
지났으니 우리의 이야기가 전해져야 할 딱 좋은 시기입니다.
맞습니다. 누가의 글에 간략하게 언급될 뿐이지만 아무것도
없는 것보다는 나으니 말입니다. 누가는 이렇게 말했습니다.

> 그들이 길을 가다가, 예슈아께서 어떤 마을에 들어가셨다. 마
> 르다라고 하는 여자가 예슈아를 자기 집으로 모셔 들였다. 이
> 여자에게 미리암이라고 하는 동생이 있었는데, 미리암은 주님
> 의 발 곁에 앉아서 말씀을 듣고 있었다. 그러나 마르다는 여러
> 가지 접대하는 일로 분주했다. 그래서 마르다가 예슈아께 와서
> 말했다. "주님, 내 동생이 나 혼자 일하게 두는 것을 아무렇지
> 않게 생각하십니까? 가서 거들어 주라고 내 동생에게 말씀해
> 주십시오."
>
> 그러나 주님께서는 마르다에게 대답하셨다. "마르다여, 마
> 르다여, 당신은 많은 일로 염려하며 들떠 있습니다. 그러나 주
> 님의 일은 많지 않거나 하나뿐입니다. 미리암은 좋은 몫을 택
> 했습니다. 그러니 아무도 그것을 그녀에게서 빼앗지 못할 것입
> 니다." (누가복음 10:38-42)

이야기가 저를 아주 좋게 묘사하고 있지는 않다는 것을 인정해요. 하지만 당신은 우리의 세계에서 손님 접대가 얼마나 중요한지를 잊고, 또 유명한 유대인 치유사이자 교사이신 분이 집에 방문하는 일이 아무 때나 일어나는 일이 아니라는 것을 잊고 있나 봅니다. 더 나아가, 저는 좋은 접대자가 되도록 배워왔는데, 미리암은 그저 큰 방에 턱하니 앉아서 예슈아의 지혜를 빨아들이고 있는 동안 저는 식사 준비를 위해 노예처럼 일하고 있는 것이 불공평해 보였습니다.

맞습니다. 예슈아에게는 항상 여성 제자들이 있었고 그것은 유대교에는 새로우면서도 좋은 것이었습니다. 심지어 순회 여성 제자들도 있었는데 이들은 예슈아와 혈연 관계였던 것이 아니라 어떤 경우들에는 예슈아가 귀신을 쫓아내거나 치유한 사람들이어서 여러 말이 많았습니다. 하지만 미리암과 저는 순회 제자들 중에 끼어 있지 않았습니다. 저희는 집을 지키는 제자들이었고 그래야만 하는 타당한 이유가 있었습니다. 누가가 우리 오빠인 (나사로라고도 불리우는) 엘르아살을 언급하지 않은 것을 눈치채셨을 것입니다. 제 생각엔 아마 그가 의사이고, 추가적인 내용을 너무 많이 필요로 하는 사실을, 이야기를 불필요하게 복잡하게 만들지 않으려고, 언급하지 않은 것 같습니다. 아시다시피 우리 아버지는 나병 환자인 시몬이었는데요, 돌아가셨을 뿐만 아니라 우리 오빠도 이 무서운 병에 걸려 죽게 됐습니다. 왜 성인 남매 세 명이 아무도 결혼하지 않고 같이 살고 있냐고 생각하실 수 있을 텐데, 그 이유는 이 끔찍한 병 때문입니다. 이따가 미리암이 이것에 대해 더 자세히 이야기하도록 하겠습니다.

이 이야기에서 눈치채지 못하셨을 수 있는 것은 예슈아가 베다니에 남성과 여성 제자들을 데리고 오실 때 예슈아만이 우리 집에 들어오시고 식사하실 생각을 하셨다는 것입니다. 나머지 일행들은 들어오지 않기로 선택했습니다. 누가는 유명한 예슈아의 마지막 말씀에 집중하려고 한 것 같습니다. 그 말씀은 제가 준비하고 있던 많은 음식들과, 미리암이 선택한 하나의 좋은 몫을 대조하고 있습니다. 그것은 명언이었는데 세월이 지나면서 잘못 이해된 것 같습니다. 필요한 단 한 가지는 예슈아의 제자가 되어 그분의 가르침을 받아들이는 것입니다. 다른 모든 것은 그것에 비해 부수적인 것입니다. 저는 할 말을 다 한 것 같으니 여기 제 동생이 자기 이야기를 전해줄 것입니다.

* * *

자매 중에 저는 더 조용하고 내성적이고 더 소극적인 편이에요. 마르다는 자신의 감정을 솔직하게 표현하는 경향이 있지만, 저는 말수가 적은 편입니다. 하지만 딱 한 번 제가 위험을 무릅쓰고 예슈아를 우리 집에서 높이려 한 적이 있습니다. 그때는 예슈아께서 엘르아살을 죽음으로부터 살리신 직후였습니다. 재미있게도 이 이야기는 마가가 전한 형태와 제 오빠가 전한 형태가 있습니다. 저는 그 두 가지를 모두 전해드리려 합니다. 제가 말씀드릴 수 있는 건, 후자가 당시 상황을 더 세세하게 고려했다는 것입니다.

예슈아께서 베다니에서 나병 환자였던 시몬의 집에 머무실 때에, 음식을 잡수시고 계시는데, 한 여자가 매우 값진 순수한 나드 향유 한 옥합을 가지고 와서, 그 옥합을 깨뜨리고, 향유를 예슈아의 머리에 부었다.

그런데 몇몇 사람이 화를 내면서 자기들끼리 말했다. "어찌하여 향유를 이렇게 허비하는가? 이 향유는 300데나리온 이상에 팔아서, 그 돈을 가난한 사람들에게 줄 수 있었겠다!" 그러고는 그 여자를 나무랐다.

그러나 예슈아께서 말씀하셨다. "가만두세요. 왜 그녀를 괴롭히나요? 그녀는 저에게 아름다운 일을 했습니다. 가난한 사람들은 늘 여러분과 함께 있으니, 언제든지 여러분이 하려고만 하면, 그들을 도울 수 있습니다. 그러나 저는 언제나 여러분과 함께 있는 것이 아닙니다. 이 여성은, 자기가 할 수 있는 일을 했습니다. 곧 제 몸에 향유를 부어서, 내 장례를 위하여 할 일을 미리 한 셈입니다. 저는 진실로 당신들에게 말합니다. 온 세상 어디든지, 복음이 전파되는 곳마다 이 여성이 한 일도 전해져서, 사람들이 이 여성을 기억하게 될 것입니다." (마가복음 14:3-9)

유월절 엿새 전에, 예슈아께서 베다니에 가셨다. 그곳은 예슈아께서 죽은 사람 가운데서 살리신 엘르아살이 사는 곳이다. 거기서 예슈아를 위하여 잔치를 베풀었는데, 마르다는 시중을 들고 있었고, 엘르아살은 식탁에서 예슈아와 함께 음식을 먹고 있는 사람 가운데 끼여 있었다. 그때 미리암이 매우 값진 순 나드 향유 한 근을 가져다가 예슈아의 발에 붓고, 자기 머리털로 그 발을 닦았다. 온 집 안에 향유 냄새가 가득 찼다.

　　예슈아의 제자 가운데 하나이며 장차 예슈아를 넘겨줄 가룟 유다가 말했다. "이 향유를 300데나리온에 팔아서 가난한 사람들에게 주지 않고, 왜 이렇게 낭비하는가?" 그가 이렇게 말한 것은, 가난한 사람을 생각해서가 아니다. 그는 도둑이어서 돈 자루를 맡아 가지고 있으면서, 거기에 든 것을 훔치곤 했기 때문이다.

예슈아께서 말씀하셨다. "그대로 두세요. 그녀는 나의 장사 날에 쓰려고 간직한 것을 쓴 것입니다. 가난한 사람들은 언제나 여러분과 함께 있지만, 저는 언제나 여러분과 함께 있는 것이 아닙니다." (요한복음 12:1-8)

마가가 제 이름을 언급하지 않고, 마르다가 아까 언니가 이야기한 것같이 이번에도 식사를 접대하는 사람이었는데도 아예 언급하지 않은 것을 눈치채셨나요? 우리 세계에서 남자들끼리 기록하는 글들에 여성이 무명으로 등장하는 것은 흔한 일이지만, 마가가 예슈아께서 복음이 전파되는 곳마다 저에 관한 이야기가 전해질 것이라고 말씀하신 내용을 포함했으면서도 제 이름을 언급하지 않은 것은 너무 이상합니다! 알 수가 없습니다! 그러면서도 제 아버지가 나병 환자라는 것은 언급했네요. 그가 왜 그랬는지 모르겠지만 우리 가족을 부끄럽게 하려고 한 게 아닌 것은 확실합니다. 아마도 예슈아가 모든 이들이 피하는 질병을 가진 사람들을 멀리하시지 않았다는 것을 보여주고 싶어서 그런 것 같습니다. 그분은 대단한 치유사셨거든요.

저는 보통 조심성이 많은 사람이지만 예슈아께서 엘르아살을 살리신 이후, 제 마음에는 기쁨과 감사가 너무 가득해서 감사를 전할 어떤 큰 방도를 생각했습니다. 아셔야 할 것이, 만약에 가정의 남성이 죽게 되고 여자만 남게 되면 여성은 재산을 양도받을 수 없기 때문에 큰 문제가 됩니다. 재산은 가장 가까운 남성 친척에게 가게 되고, 그렇게 되면 우리는 상당한 재산을 잃은 채 다른 살 집을 찾아 나서야 될 수도 있었습니다. 하지만 예슈아는 그렇게 되는 것을 허락하지 않으셨습니다. 벌써 죽은 지 나흘이나 된 제 오빠를 죽음에서 일으키셨습니다. 정말 너무나 엄청난 기적이었고 그래서 그에 걸맞은 보답이 필요했습니다.

마가가, 유다가 제 사치스러운 행동에 이의를 제기한 자라는 것을 전하지 않은 것이 흥미로운데요, 제 오빠의 이야기에서는 그 부분을 확실히 말하고 있습니다. 그리고 예슈아께서는 바로 그를 조용히 하도록 만드셨습니다. 나드 향유는 시중의 향유 중 가장 비싼 향유입니다. 여성들은 그것을 여러 용도로 사용하지만 솔직히 말해서 저는 장례를 위해 미리 하는 일이라고는 생각해보지 않았습니다. 예슈아께서는 제 행동의 중요성을 그렇게 받아들이셨고, 나중에는 왜 그렇게 하셨는지 이해할 수 있었습니다. 우리를 위해서 그분께서 돌아가신 그날에는, 그분의 장례를 제대로 준비할 시간이 없었습니다. 엘르아살이 집에 도착해서 숨찬 모습으로 예슈아의 처형에 대한 끔찍한 소식을 전했을 때는 행동에 옮기기에 너무 늦었었지요. 안식일에다 유월절이 다가오고 있었습니다. 장례 절차는 기다림이 필요했습니다.

붓는 데 쓰는 기름은 두피나 발에 주기적으로 사용해서 뜨거운 태양에 피부가 갈라지는 것을 막을 수 있습니다. 향유는 어디든 냄새를 잡기 위해 쓰거나 아니면 중요한 인물을 기리는 데 사용할 수도 있습니다. 저는 예슈아에게 일반적인 올리브유보다 더 좋은 것을 쓰고 싶었습니다. 그분이 "가난한 자들은 늘 여러분과 함께 있습니다"라고 말씀하신 것은 그분께서 천국으로 올라가신 지금, 가난한 자를 돕지 않아도 된다고 제자들이 핑곗거리로 사용하도록 주어진 것이 아닙니다! 그분이 이 땅에서 사역하실 때 영광받으시는 것이 그때는 더 중요했다는 것을 말하기 위함이었을 뿐입니다. 이 말씀이 그때로부터 가난한 자들을 돕지 않으려는 자들에게 오용되는 것을 보셨다면 예슈아께서는 기겁하셨을 것입니다. 예슈아는 그들이 하-님께 복받은 자들이라고 하셨습니다. 저는 사치스러웠고 원래 제 성격에서 벗어난 행동을 했지만 그 방법으로 예슈아에게 감사하고 영광을 돌릴 수 있었던 기회를 붙잡았던 것을 기쁘게 생각합니다. 왜냐하면 그분이 "저는 언제나 여러분과 함께 있는 것이 아닙니다"라고 하셨던 말씀이 며칠 뒤에 사실이 됐기 때문입니다. 하지만 공교롭게도 그분의 이야기는 거기에서 끝나지 않습니다.

제9장
귀신 들린 거라사 사람

저는 유대인이 아닙니다. 예슈 아께서 저를 악령들로부터 구해준 후에 유대인이 된 것도 아닙니다. 저는 그저 디베랴 바닷가에서 비유대인들이 사는 지역의 마을에 사는 사람입니다. 제 이야기는 듣기 즐거운 이야기가 아니고, 말하는 저도 괴롭지만, 예슈아께서 제게 말씀하신 것을 지키기 위해 유대인들의 땅에 인접한 10개의 헬라 도시들인 데가볼리에서 여러 번 말했답니다. 저는 예슈아께 그분의 순회 제자나 가까운 제자가 될 수 있도록 동행할 수 있게 간청했지만, 허락하지 않으셨습니다. 오히려, 제가 저처럼 유대인이 아니고 유대인 메시아를 찾고 있지 않는 사람들에게 제 이야기를 전하기를 원하셨습니다. 제 이야기는 막강한 악령 퇴치사이신 예슈아께서 저를 암흑의 세력의 마수로부터 자유롭게 하신 이야기입니다. 제가 암시한 것처럼, 이 이야기는 즐거운 이야기가 아니고 오히려 충격적인 이야기입니다. 암흑의 지배자들보다 강한 분이 누구신가요? 영혼의 굴레로부터 자유롭게 해주실 분이 누가 있나요? 도대체 누가 더러운 시체들이 가득한 공동묘지에 살면서 자기 혐오로 가득해 사슬로 묶어 놓아도 계속 자해하는 부정한 사람을 돌아보나요? 제가 그 사람이었습니다. 그 이야기가 바로 제 이야기입니다. 나중에 예슈아의 제자가 전한 이야기가 여기 있습니다.

그들은 바다 건너편 거라사 사람들의 지역으로 갔다. 예슈아께서 배에서 내리시니, 곧 더러운 귀신 들린 사람 하나가 무덤 사이에서 나와서, 예슈아와 만났다. 그는 무덤 사이에서 사는데, 이제는 아무도 그를 쇠사슬로도 묶어 둘 수 없었다. 여러 번 쇠고랑과 쇠사슬로 묶어 두었으나, 그는 쇠사슬도 끊고 쇠고랑도 부수었다. 아무도 그를 휘어잡을 수 없었다. 그는 밤낮 무덤 사이나 산속에서 살면서, 소리를 질러 대고, 돌로 제 몸에 상처를 내곤 했다.

그가 멀리서 예슈아를 보고, 달려와 엎드려서 큰 소리로 외쳤다. "더 없이 높으신 하-님의 아들 예슈아, 나와 무슨 상관이 있습니까? 하-님의 이름을 두고 애원합니다. 제발 나를 괴롭히지 마십시오." 그것은 예슈아께서 이미 그에게 "더러운 귀신아, 그 사람에게서 나가라" 하고 명하셨기 때문이다.

예슈아께서 그에게 물으셨다. "네 이름이 무엇이냐?"

그가 대답했다. "군대입니다. 우리의 수가 많기 때문에 붙여진 이름입니다." 그러고는 자기들을 그 지역에서 내쫓지 말아 달라고 예슈아께 간청했다.

마침 그곳 산기슭에 놓아 기르는 큰 돼지 떼가 있었다. 귀신들이 예슈아께 간청했다. "우리를 돼지들에게로 보내셔서, 그것들 속으로 들어가게 해주십시오." 예슈아께서 허락하시니, 더러운 귀신들이 나와서, 돼지들 속으로 들어갔다. 거의 이천 마리나 되는 돼지 떼가 바다 쪽으로 비탈을 내리달아, 바다에 빠져 죽었다.

돼지를 치던 사람들이 달아나 읍내와 시골에 이 일을 알렸다. 사람들은 무슨 일이 일어났는지 보러 왔다. 그들은 예슈아에게 와서, 귀신 들린 사람 곧 군대 귀신에 사로잡혔던 사람이 옷을 입고 제정신이 들어 앉아 있는 것을 보고 두려워했다. 처음부터 이 일을 본 사람들은, 귀신 들렸던 사람에게 일어난 일과 돼지 떼에게 일어난 일을 그들에게 이야기했다. 그러자 그들은 예슈아께, 자기네 지역을 떠나 달라고 간청했다.

예슈아께서 배에 오르실 때에, 귀신 들렸던 사람이 예슈아와 함께 있게 해 달라고 애원했다. 그러나 예슈아께서는 허락하지 않으시고, 그에게 말씀하셨다. "당신의 집으로 가서, 가족에게, 주님께서 당신에게 큰 은혜를 베푸셔서 당신을 불쌍히 여겨 주신 일을 이야기하세요." 그는 떠나가서, 예슈아께서 자기에게 하신 일을 데가볼리에 전파했다. 그리하니 사람들이 다 놀랐다. (마가복음 5:1-20)

자신의 동족들과 마을로부터 완전히 배척당하는 것, 자신이 어디 있고 무엇을 하고 있는지 알 수 없을 정도로 수시로 의식을 잃는 것, 가끔 정신이 돌아오는 순간에 자신이 공동묘지에 묶여 있는데 결국 전혀 예상하지 못한 외부인이 도와주러 오는 것이 어떤 느낌일지 상상이 가십니까? 가족도 아니고, 친구도 아니고, 마을 사람도 아니고, 동네 의사도 아니고, 점성술사도 아니고, 현자도 아닙니다. 전에 들어본 적도 없는 사람입니다. 바로 그게 제 이야기입니다. 저는 예슈아를 찾거나 보려고 하거나 제가 있는 곳에 나타나시기를 기대하지도 않았고, 그것은 불시에 일어난 일이었습니다. '은혜'의 뜻이 아마 그건가 봅니다. 예상하지 못한, 자격 없는,

조건 없는 이익이나 축복 말입니다.

귀신 들리는 것은 정말 끔찍한 일입니다. 자신에 대한 통제력을 잃어버리기 때문이지요. 귀신의 힘이 사람의 중심인 마음을 차지하고, 마음이 그들의 노예가 되어 무력하게 됩니다. 그리고 경우에는 귀신이 하나가 아니라 여럿이었습니다. 예슈아께서 나중에 제게 그들이 스스로를 로마 군대 단위처럼 '레기온'(legion)이라고 불렀다고 알려주셨습니다. 어쨌든 간에 저는 완전히 정복당하고 그들의 악의에 꺾여버린 피해자였습니다. 예슈아께서 제 안으로부터 그것들을 쫓아내셨을 때, 그분의 유대인 제자들을 웃게 만든 일이 일어났다고 합니다. 여기 주위에는 돼지 치는 사람들이 있는데요, 갈릴리에는 없습니다. 왜냐하면 유대인들에게 돼지고기는 금지되어 있기 때문입니다. 유대인들이 귀신을 일컫는 말이 있는데, 그들은 그것을 부정한 영혼이라고 부릅니다. 그래서 저의 경우, 이 부정한 영혼들이 부정한 동물들에게 들어가기를 간청했고, 그 이후에는 동물들이 난리를 치며 바다로 뛰어들었다고 합니다.

유대인들에게 이것은 완벽한 결과였습니다. 두 형태의 부정한 것들이 한 번에 없어졌으니까 말입니다! 하지만 제 동족들에게는 재앙이었습니다. 많은 목축업자들이 생계의 수단을 잃었으니까요. 그것 때문에 지역에 있는 사람들이 제가 온전한, 다시 제정신인 사람이 된 것을 보고도, 예수아에게 떠나달라고 부탁했고, 그분은 바로 그렇게 하셨습니다. 그분이 제게 하신 말씀을 듣고도, 저는 그분을 따라가고 싶었습니다. 하지만 그분의 위엄 있는 자태 앞에서 그럴 수 없었습니다. 그분이 무언가를 하라고 말씀하시면, 마치 그럴 수 있게 능력을 주시는 것 같았고, 그분을 실망시켜 드리고 싶지 않았습니다. 예수아께서 호수의 반대편에서도 많은 다른 귀신들을 쫓아내셨다고 들었습니다. 유대인들도 우리와 똑같은 문제들이 있는 것 같습니다. 드디어 암흑의 세력이 그들의 상대를 만난 것일지도 모르겠습니다. 저는 그분의 소식을 듣지 못한 지 오래됐지만, 그분을 잊지는 않았답니다. 그분은 제 인생을 더 좋게 바꾸셨고 제가 제 동족들에게 돌아갈 수 있도록 도와주셨습니다. 저는 제가 죽는 날까지 그분을 잊지 않을 것이고 그분에 대해 전하는 것도 멈추지 않을 것입니다.

제10장
수로보니게 여인

저를 가나안 여인이라고 불러 주세요. 저는 현재 로마 제국의 시리아 지역에 속해 있는 두로와 시돈 지방의 사람입니다. 로마인들은 라보보니게(Labo-Phoenicia)라는 아프리카 북해안에 있는 베니게 식민지와 구별하도록 이 지역을 수로보니게(Syro-Phoenicia)라고 부릅니다. 저는 유대인은 아니지만 예슈아라는 치유사에 대해서 들은 적이 있습니다. 제 딸이 그분의 도움을 필요로 할 때에 딱 맞게 그분이 이 지역에 방문하셨을 때, 제가 얼마나 놀랐을지 상상하실 수 있을까요? 저는 절박했고 딸에게 도움을 주기 위해 무엇이라도 할 준비가 되어 있어서 치유사께 도와달라고 무릎을 꿇고 빌었습니다. 아이는 제 무남독녀였고 제 남편은 저를 떠난 지 오래됐습니다. 제 인생에는 딸아이밖에 없었습니다. 저를 사랑하는 어느 누구도, 제가 사랑하고 돌볼 그 누구도 없었습니다. 저와 예슈아의 만남을 적은 두 개의 기록이 여기 있습니다.

예슈아께서 거기에서 떠나서, 두로와 시돈 지방으로 가셨다. 마침, 가나안 여자 한 사람이 그 지방에서 나와서 외쳐 말했다. "다윗의 자손이신 주님, 나를 불쌍히 여겨 주십시오. 내 딸이, 귀신이 들려 괴로워하고 있습니다."

그러나 예슈아께서는 한 마디도 대답하지 않으셨다. 그때 제자들이 다가와서, 예슈아께 간청했다. "저 여자가 우리 뒤에서 외치고 있으니, 그를 안심시켜서 떠나보내 주십시오."

예슈아께서 대답하셨다. "저는 오직 이스라엘 집의 길을 잃은 양들에게 보내심을 받았을 뿐입니다."

그러나 그 여자는 나아와서, 예슈아께 무릎을 꿇고 간청했다. "주님, 나를 도와주십시오."

예슈아께서 대답하셨다. "자녀들의 빵을 집어서, 개들에게 던져 주는 것은 옳지 않습니다."

그 여자가 말했다. "주님, 그렇습니다. 그러나 개들도 주인의 상에서 떨어지는 부스러기는 얻어먹습니다."

그제서야 예수아께서 그 여자에게 말씀하셨다. "여인이여, 참으로 당신의 믿음이 큽니다. 당신의 소원대로 될 것입니다." 바로 그 시각에 그 여자의 딸이 나았다. (마태복음 15:21-28)

예수아께서 거기에서 일어나셔서, 두로 지역으로 가셨다. 그리고 어떤 집에 들어가셨는데, 아무도 그것을 모르기를 바라셨으나, 숨어 계실 수가 없었다. 더러운 귀신 들린 딸을 둔 여자가 곧바로 예수아의 소문을 듣고 와서, 그의 발 앞에 엎드렸다. 그 여자는 헬라 사람으로서, 수로보니게 출생인데, 자기 딸에게서 귀신을 쫓아내 달라고 예수아께 간청했다.

예수아께서 그 여자에게 말씀하셨다. "자녀들을 먼저 배불리 먹여야 합니다. 자녀들이 먹을 빵을 집어서 개들에게 던져 주는 것은 옳지 않습니다."

그러나 그 여자가 예수아께 말했다. "주님, 그러나 상 아래에 있는 개들도 자녀들이 흘리는 부스러기는 얻어먹습니다."

그래서 예수아께서 그 여자에게 말씀하셨다. "당신이 그렇게 말하니, 돌아가세요, 귀신이 당신의 딸에게서 나갔습니다."

그 여자가 집에 돌아가서 보니, 아이는 침대에 누워 있고, 귀신은 이미 나가고 없었다. (마가복음 7:24-30)

가장 먼저 떠오르는 것은, 지금처럼 많은 시간이 지나고 나서 이런 보고를 듣거나 읽으면, 전해졌던 특정 말들이 어떤 느낌으로 전달됐는지 알 방법이 없다는 것입니다. 저는 예슈아께서 갑작스럽거나 엄격하게 대하려고 하셨던 게 아니라 저를 시험하고 또 저를 떠나 보내라는 제자들을 떠보는 것이었다고 생각했습니다. 저는 그가 동족인 유대인에게 보내졌음에도 불구하고 이방인들을 돕는 것에 마음이 닫혀 있는 분이 아니라는 것을 알고 있었습니다. 지금까지도 도대체 왜 그분이 두로와 시돈 근처에 오셨는지 모르겠습니다. 갈릴리에 있는 무리들로부터 벗어나려는 것뿐이었을까요? 잘 모르겠습니다.

제자들은 확실히 제게 화가 나 있었고, 아마도 그 이유 중 하나는 그들도 예슈아를 만나고 싶어 하는 군중들로부터 벗어나고 싶었기 때문일 수 있습니다. 예슈아는 저를 내보내라는 그들의 요구를 듣지 않고, 대신 저와 도전적인 대화를 나누었습니다.

여러분은 "예슈아께서 정말로 당신을 개라고 불렀나요?"라고 물으실 수도 있겠습니다. 개는 유대인들과 다른 사람들이 외부인 여성들에 대해 사용하는 욕이었습니다. 하지만, 직접적으로는 아닙니다. 그분은 아이들과 개에 관한 예를 들었는데, 물론 제 세계에서는 거의 아무도 개를 집 안에서 애완동물로 키우지 않았습니다. 개들은 제 세계에서 잡종이고 청소부입니다. 때로 그들은 열려 있는 집의 앞문을 통해 뛰어들어오곤 합니다. 특히 여름에는 집 안으로 조금이라도 시원한 바람이 들어올 수 있도록 문을 열어두곤 하는데요, 그때 개들은 뛰어들어와 식탁 아래나 작은 테이블 아래에서 음식 찌꺼기를 낚아채고 도망가곤 합니다. 가엾은 동물들도 결국 먹어야 하니까요. 저는 예슈아의 엄격한 말을 시험으로 받아들였습니다. 왜냐하면 그분의 음성에서 악의를 감지하지 못했기 때문입니다. 그분은 저를 밀어붙여, 제가 무엇을 말할지, 인내와 믿음을 보일지, 확인하려고 하셨습니다.

제가 어떻게 대답을 떠올렸는지는 기억이 나지 않지만, 저는 그분께서 동족인 유대인들이 먼저 그분의 도움을 받을 자격이 있다고 하신 것에 동의했고 그럼에도 불구하고 그분께서 남들도 도울 수 있다고 했습니다. 그분이 "여인이여 당신의 믿음이 큽니다!"라고 말씀하셨을 때 저는 좋은 일이 일어날 것이라고 직감했고, 정말로 그렇게 됐습니다. 그분은 제 딸에게 어떤 일이 일어날지 말씀하실 때 제가 그것을 믿었음을 드러내셨습니다.

그래서 저는 용기를 내어 집에 갔고 거기에는 제정신으

로 돌아와서 얼굴에 미소를 지으며 작은 침대에 누워있는 제 딸이 있었습니다. 저는 무릎을 꿇고 저를 도와준, 알 수 없는 신에게 감사를 드렸습니다. 제 삶의 빛은 다시 반짝이며 빛나고 있었고, 제 미래에는 소망이 생겼지요. 그 후로 예슈아를 다시 본 적은 없습니다. 몇 년 뒤, 시돈에 있는 그분의 제자들을 만났습니다. 그들은 그분이 죽으셨지만, 죽은 자들 가운데서 다시 살아나 하늘로 올라갔다고 주장했습니다. 저는 그 주장에 반박할 수가 없습니다. 작은 여자아이를 보거나 만지지 않고도 귀신을 쫓아낼 수 있는 사람은 모든 것을 할 수 있을 테니 말입니다. 저는 예슈아를 만난 그날을 감사합니다. 그것이 우연한 만남인지, 아니면 신의 섭리와 같은 것인지 아직도 궁금합니다. 언젠가는 확실히 알게 될 날이 있기를 빕니다.

제11장
백부장의 하인

저는 명령을 받는 사람이고 제 상관으로부터 받은 명령을 어떻게 이행해야 할지 알고 있습니다. 저는 책무가 있는 사람이며, 어떻게 명령을 내려야 하는지도 알고 있습니다. 하지만 직접적인 신적인 권위와 능력을 가지신 분을 대할 때는 그런 분에게 이렇게 해라, 저렇게 해라, 명령할 수 없다는 것을 깨닫게 됩니다. 그런 분들을 대할 때는 소심해야 하고 경외와 존경심을 담아서 부탁을 드려야 합니다.

잠시 뒤로 돌아가서 제 이야기를 해드리겠습니다. 저는 디베랴 바다 옆의 작은 마을인 가버나움에 주둔하고 있는 외인부대에 소속되어 있습니다. 저는 로마인은 아니고 이 지역의 토박이인데, 제 가족을 먹여 살리기 위해 로마 군대에 입대했습니다. 원래 제 부대는 시리아에 주둔하고 있었는데, 유대가 로마의 속주가 됐을 때, 일부분이 갈릴리로 이동하게 됐습니다. 특히 헤롯 대왕이 죽고 8년쯤 지난 뒤에 퀴리니우스(Quirinius)가 한 인구조사로 인해 일어난 갈릴리의 유다 봉기 때문에 그렇게 됐습니다. 저는 가버나움에 사는 동안 거기 있는 회당을 다니기 시작했고, 회당을 재정적으로 지원해 증축을 돕는 것이 시민적인 의무이자 좋은 '예배'가 될 것이라고 생각했습니다. 저는 유대인들이 소위 말하는 하-님을 경외하는 사람이 됐습니다. 단 하나의 실재하는 신, 기도하면 위로와 도움을 기대할 수 있는 알 수 있는 신이 있다는 것에 진정한 위안을 찾았습니다. 그리고 제가 가장 아끼는 종, 저의 아들이자 상속자로 삼으려던 녀석이 치명적인 병에 걸렸기 때문에, 저는 정말로 열심히 기도하고 있었습니다.

　　당시에 회당의 장로들이 제게 와서 저를 도울 만한 사람이 있다고 알려줬습니다. 그들은 그가 가버나움의 안식일 예배 때 회당에서 중풍병 환자를 치유한 것을 봤다고 했습니다. 그 일이 일어날 때, 저는 제 부대와 함께 수색 임무가 있어서 떠나 있었습니다. 나중에 회당 장로 중 한 명이 예슈아의 제자가 가장 복된 날에 그분께서 마을에 오신 일을 써 놓은 기록을 구할 수 있었습니다. 그 글에는 이 이야기가 담겨 있습니다.

예슈아께서 자기의 모든 말씀을 백성들에게 들려주신 뒤에, 가 버나움으로 가셨다. 어떤 백부장의 종이 병들어 거의 죽게 됐 는데, 그는 주인에게 소중한 종이었다. 그 백부장이 예슈아의 소문을 듣고, 유대 사람들의 장로들을 예슈아께로 보내어 그에 게 청하기를, 와서 자기 종을 낫게 해달라고 했다. 그들이 예슈 아께로 와서, 간곡히 탄원하기를 "그는 선생님에게서 은혜를 받을 만한 사람입니다. 그는 우리 민족을 사랑하는 사람이고, 우리에게 회당을 지어주었습니다"라고 했다.

예슈아께서 그들과 함께 가셨다. 예슈아께서 백부장의 집 에서 그리 멀지 않은 곳에 이르렀을 때에, 백부장은 친구들을 보내어, 예슈아께 이렇게 아뢰게 했다. "주님, 더 수고하실 것 없습니다. 저는 주님을 내 집에 모셔들일 만한 자격이 없습니 다. 그래서 내가 주님께로 나아올 엄두도 못 냈습니다. 그저 말 씀만 하셔서, 내 종을 낫게 해주십시오. 나도 상관을 모시는 사 람이고, 내 밑에도 병사들이 있어서, 내가 이 사람더러 가라고 하면 가고, 저 사람더러 오라고 하면 옵니다. 또 내 종더러 이것 을 하라고 하면 합니다."

예슈아께서 이 말을 들으시고, 그를 놀랍게 여기시어, 돌아서서, 자기를 따라오는 무리에게 말씀하셨다. "제가 여러분에게 말합니다. 저는 이스라엘 사람 가운데서는, 아직 이런 믿음을 본 일이 없습니다." 심부름 왔던 사람들이 집에 돌아가서 보니, 종은 나아 있었다. (누가복음 7:1-10; 참고, 마태복음 8:5-13, 요한복음 4:43-54)

믿음을 많은 말로 설명할 수 있겠지만, 저는 예슈아께서 말하는 믿음이란, 우리 군인들이 하듯이, 누군가가 말했을 때 그 말을 그대로 신뢰하는 것이라고 이해했습니다. 우리 지휘관이 "우리는 곧 공격을 받을 것이고, 지금 움직이지 않으면 위험에 처할 것이다"라고 말하면, 우리는 그 말을 그대로 받아들이고, 그가 진실을 말하고 있다고 믿습니다. 저는 예슈아를 큰 능력과 권위를 가진 사람으로, 또한 정직한 사람, 진실을 말하는 분으로 알고 있었습니다. 그래서 그분이 응답하실 것이라 믿고 제가 한 말들을 전하는 것은 어렵지 않았습니다. 제가 집에 돌아왔을 때 제 종은 이미 건강해져 있었습니다.

이때는 예슈아의 사역 초기였고, 그분이 유대의 빌라도와 문제를 일으키기 한참 전이었습니다. 그분은 이미 치유사로서의 명성을 가지고 있었고, 저는 그것을 의심할 이유가 없었습니다. 저는 살면서 온갖 종류의 표적과 이적, 경이로운 일들을 봐왔습니다. 갈릴리에는 제가 회당에서 배운, 엘리야와 엘리사와 같은 예언자들로부터 이어진, 기적을 행하는 사람들의 오랜 전통이 있었습니다. 갈릴리 사람들은 이것을 '북쪽' 예언자들의 전통이라고 부르며 자랑스러워했고, 엘리야처럼 입고 말하는 세례자 요한에 대해 여러 말들이 있었는데, 그가 마지막 때에 심판의 날이 오기 전의 엘리야일 것이라는 소문이 있었습니다. 예슈아께서 제 종을 치유하시고 얼마 지나 그분이 요한의 사촌이라는 것을 알게 됐습니다. 솔직히 저는 이 모든 게 혼란스럽게 느껴집니다. 지금은 갈릴리에 큰 전쟁이 일어나기 직전입니다. 예슈아와 요한 모두 다가올 심판에 대해서 말했고, 베스파시아누스(Vespasian) 장군이 몇 레기온을 더 이끌고 오고 있다고 하니 그때가 다가온 것 같은데, 예슈아는 하-님의 백성을 구원하는 좋은 소식을 선포하기도 했단 말이지요. 로마인들은 승리 이후의 평화에 대해서 이야기하는데, 그러면 평정 이후에 구원이 있게 되는 걸까요? 저는 희망하며 추측하고 있을 뿐입니다. 제가 더 확실히 아는 것은 예슈아께서는 보이시던 대로 위대한 분이셨다는 것입니다. 그분은 거짓 예언자나 위장한 메시아, 치유사인 척하는 허풍쟁이가 아니었습니다. 저는 다 솔직하게 말했으니, 알아서 판단하십시오.

제12장
나인성 과부

나인은 너무 작아서 마을이라고 부르기도 좀 그렇습니다. 이곳에서는 모두가 다른 사람의 일거수일투족을 알고 있습니다. 그래서 제 아들이 죽었을 때 마을 전체가 장례식에 나와 주었습니다. 자식보다 오래 살고 싶은 부모는 없을 것입니다. 자식을 잃는 것만으로도 충분히 괴로운데, 나 자신은 늙고 남편은 이미 조상 곁으로 가버려서 더 이상 아이를 가질 수 없으면 더더욱 괴로울 것입니다.

애도하는 일주일 동안 누구도 저를 위로할 수 없었습니다. 제 하나밖에 없는 아들이 죽었어요. 어떻게 그럴 수 있지요? 말짱해 보이는 아이였습니다. 그런데 갑자기 의자에서 넘어지고, 잠시 떨더니 숨이 끊겼습니다. 방금까지 웃으며 일상적인 식사를 같이 하고 있었는데, 한순간에 없어지고 말았습니다. 저는 너무 충격에 빠져 소리를 지를 수조차 없었습니다. 그 일이 일어났을 때, 저는 하-님께 이 상황을 되돌려 달라고 간절히 기도했습니다. 제 인생에 그렇게 간절히 기도해본 적이 없습니다. 무릎을 꿇고 하-님에게 개입해달라고 빌었습니다. 그런 제 기도가 응답되는데, 그렇게 예상하지 못한 방법으로 응답될지는 전혀 몰랐습니다. 하-님은 우리의 기도를 우리가 부탁드리는 대로 들어주시는 것이 아니라, 우리의 필요에 맞게 응답하신다는 것을 배우게 됐습니다. 저는 늙은 나이에 저를 봉양할 사람이 없었고, 남자 자손도 없어 제가 가진 것들조차 잃게 될 상황이었습니다. 저는 버림받았고 분노하고 있었고 외로웠습니다. 한없이 외로웠습니다.

누가라는 이름을 가진 사람이 얼마 전에 여기를 지나가면서 여기에서 가까운 나사렛에서 온 예수아에 대한 이야기를 모으고 있었습니다. 물론 저는 소문으로 그를 알고 있었습니다. 말도 안 되는 기적들에 대한 이야기를 모두가 들었으니까요. 저는 그것들을 어떻게 받아들여야 할지 잘 몰랐습니다. 제 인생 최고의 날에 대해 누가는 이렇게 썼습니다.

그 뒤에 곧 예슈아께서 나인이라는 성읍으로 가시게 됐는데, 제자들과 큰 무리가 그와 동행했다. 예슈아께서 성문에 가까이 이르셨을 때에, 사람들이 한 죽은 사람을 메고 나오고 있었다. 그 죽은 사람은 그의 어머니의 외아들이고, 그 여자는 과부였다. 그런데 그 성의 많은 사람이 그 여자와 함께 따라오고 있었다. 주님께서 그 여자를 보시고, 가엾게 여기시며 말씀하셨다. "울지 마세요."

그리고 앞으로 나아가서, 관에 손을 대시니, 메고 가는 사람들이 멈추어 섰다. 예슈아께서 말씀하셨다. "젊은이여, 제가 당신께 말합니다. 일어나세요." 그러자 죽은 사람이 일어나 앉아서, 말을 하기 시작했다. 예슈아께서 그를 그 어머니에게 돌려주셨다. 그래서 모두 두려움에 사로잡혀서, 하-님을 찬양하면서 말하기를 "우리에게 큰 예언자가 나타났다" 하고, 또 "하-님께서 자기 백성을 돌보아주셨다" 했다. 예슈아의 이 이야기가 온 유대와 그 주위에 있는 모든 지역에 퍼졌다. (누가복음 7:11-17)

그날의 일은 아직도 믿기지가 않습니다. 제가 살아온 긴 세월 이전에도, 그 이후에도 본 적이 없습니다. 아마 그것이

기적의 성질이겠지요. 희귀하고 귀한 것 말입니다. 찾지도 않고 예상하지도 않았던 것, 하지만 동시에 부정할 수 없는 것이기도 합니다. 제 아들은 죽은 지 하루가 넘게 지났었는데, 그때 가장 이상한 일이 일어났습니다.

엘리야가 죽은 아이를 살려냈다는 이야기는 들었지만, 하-님이 여전히 그런 일을 그의 예언자들을 통해 하신다는 것을 저는 진지하게 생각할 수 없었습니다. 예슈아는 우리 마을에 장례 행렬이 진행되는 도중에 오셨습니다. 장례식은 침울하고 엄숙하며 슬픈 분위기였습니다. 그분은 타고난 권위를 가진 분이셨지만, 장례 행렬을 중단시키고 직접 제게 와서 조용히 "울지 마세요"라고 말씀하셨습니다. 그분이 하신 말은 그것뿐이었지만, 그분의 눈에도 눈물이 반짝이는 것을 볼 수 있었는데, 그것이 너무나도 이상했습니다. 그분은 저에게 울지 말라고 하시면서, 거기서 저와 함께 울고 계셨습니다.

두 번째로 일어난 이상한 일은 그분이 다가오셔서 상여를 만지셨던 것입니다. 그렇게 하는 사람은 상여를 메는 사람 빼고 없습니다. 시신을 만져서 부정하게 되는 것은 7일이나 가니까요. 하지만 예슈아는 그런 것들이 자신에게 어떤 영향을 미칠지 전혀 걱정하지 않으셨고, 오히려 저를 걱정하셨습니다! 한낱 과부인 저를요! 아무 존중도 받지 못하는 저를요! 심지어 이야기꾼인 누가에게 이름조차 언급되지 않은 저를요! 그는 저를 그저 과부라고 쓰지 않았습니까?

예슈아가 상여를 만지자마자 상여를 메던 사람들이 멈췄고, 그 후에 정말 이상한 일이 일어났습니다. 예슈아는 마치 살아 있고, 들을 수 있는 것처럼 시체에게 말씀하셨습니다!

제 아들은 갑자기 큰 소리나 천둥소리에 잠에서 깨어난 것처럼 바로 일어나서 말하기 시작했고 마치 아무 일도 없었던 것처럼 계속 이야기를 했습니다. 나중에 그는 자신이 상여 위에서 천을 몸에 감싼 채로 깨어났을 때 얼마나 이상한 느낌이었는지 저에게 말해주었습니다.

저는 떨었습니다. 그것을 보고 나서 벌벌 떨었습니다. 당신도 알다시피 우리는 기도하고 또 기도하면서도, 하-님이 실제로 기도에 응답하실 때는 놀랍니다. 저는 스스로를 통제할 수 없었습니다. 저는 어지러웠지만 제 지팡이에 기댐으로써 넘어지지 않을 수 있었습니다. 그다음에 깨달은 것은, 예슈아께서 저에게 아들을 돌려주셨다는 것입니다! 그때 제가 얼마나 기뻤는지요! 아무도 제가 느낀 흥분을 상상하실 수 없을 것입니다.

마을 사람들도, 저만큼 놀라지는 않았지만, 여전히 놀랐습니다. 그들은 우리 하-님께 찬양을 올리기 시작했습니다. 그들은 위대한 예언자, 분명히 옛 북부의 예언자 엘리야처럼, 하-님이 우리를 방문하셨다고 말했습니다. 실제로, 이 이야기는 유대 지역까지 퍼졌습니다. 그리고 유대에 관해 말하자면, 저는 이 기적에 대해 하-님께 감사하기 위해 무언가를 할 필요가 있다고 느꼈습니다. 저에게는 많은 것이 없지만, 그날 저는 예루살렘에 올라가 하-님께 제물을 바치기로 결심했습니다. 이상한 것은, 의도하지 않았지만 저는 거기서 다시 예슈아를 만났습니다! 누가가 전한 이야기는 이러합니다.

> 예슈아께서 눈을 들어 부자들이 헌금궤에 예물 넣는 것을 보시고, 또 어떤 가난한 과부가 거기에 작은 동전 두 닢을 넣는 것을 보셨다. 그래서 예슈아께서는 말씀하셨다. "저는 진실로 당신들에게 말합니다. 이 가난한 과부가 누구보다도 더 많이 넣었습니다. 저 사람들은 다 넉넉한 가운데서 자기들의 예물을 넣었지만, 이 과부는 구차한 가운데서 가지고 있는 생활비 전부를 털어 넣었습니다." (누가복음 21:1-4)

그것은 제 지참금에서 남은 것이었습니다. 이제 저를 돌봐 줄 아들이 있었기 때문에 저는 저에게 남아있는 모든 동전을 감사 제물로 드릴 수 있겠다고 느꼈습니다. 저는 예슈아가 그 사건을 교훈의 순간으로 사용하실 거라고는 전혀 예상하지 못했지만, 그분은 그렇게 하셨습니다. 마지막으로 그분을 본 것이 너무 기뻤습니다. 그 주가 끝나기 전에 그분은 돌아가실 것이었지요. 그때는 너무나 생명력이 넘치고 활기차셨습니다. 왜 지도자들이 그분을 없애야만 했는지 저는 결코 이해할 수 없습니다. 그분은 하-님의 위대한 사람, 위대한 예언자, 위대한 치유자이시며, 아주 큰 마음을 가진 분이셨습니다. 예슈아께서 제 눈을 직접 바라보시며 속삭이셨던 그때가 여전히 제 기억에서 떠나지 않습니다. "울지 마세요." 그분의 자비로운 목소리, 어둠 속에서 말하는 그 달콤한 소리를 저는 제가 죽는 날까지 듣게 될 것입니다. 그분은 제 인생을 더 나은 방향으로 바꾸어 주셨습니다. 제가 할 수 있는 최소한의 보답은 순례를 하고 하-님께 감사의 제물을 바치는 것뿐이었습니다.

제13장
바 디매오

제 이름조차 모르시는군요. 제 이름은 바디매오가 아닙니다. 그 호칭은 '디매오의 아들'이라는 의미입니다. 디매오는 제 아버지셨지, 제가 아닙니다. 아버지는 눈이 멀지 않으셨고, 제가 그랬습니다! 아버지는 고대 여리고의 길가의 거지가 아니셨고, 그건 저였습니다! 만약 씁쓸하게 들리신다면, 뭐 맞습니다. 인생의 해를 거듭해 암흑에 살면서 가족을 가질 수도 없고 부양할 수도 없고, 길가에 앉아서 구걸하는 바가지를 들고 사람들의 동정심과 기부를 바랄 수밖에 없는 처지라면, 당신은 어떠셨을 것 같나요? 물론 지는 지금은 예전보다 덜 분노하고 있지만, 아직도 약간의 분노가 내 안에 남아있습니다.

　그러다가 어느 날 저를 지나 예루살렘으로 올라가는 행인들을 통해 예수아에 대해 들었습니다. 제가 앉은 곳은 여리고에서 예루살렘으로 가는 모든 순례객이 지나가야 하는 주요 도로였습니다. 많은 사람들이 지나가면서 동전 한두 닢 던지고 갈 뿐만 아니라, 명절에 올라가는 많은 사람들이 예루살렘에 종교적 의무를 다하러 가면서 기부를 해야 할 의무를 더 많이 느꼈기 때문에, 그곳은 제게 좋은 위치였습니다. 다른 말로 말하자면, 만약 사람들이 감동을 한다면, 그것이 기부로 이어지는 데 가장 완벽한 위치였지요. 그런데 소문이 퍼졌어요. 예수아께서 오시는 길이라는 소문에 길은 부산해졌습니다. 그분과 함께 다니는 제자들과 구경꾼들 때문에 그랬다고 하더군요. 저는 여리고에 살고 있는 제 친구 삭개오로부터 예수아가 사람에게 어떤 것들을 해줄 수 있는지 이미 들었고, 저는 그분이 다시 동네를 지나가신다는 말을 듣고 흥분했습니다. 후일의 예수아의 제자가 제 이야기를 이렇게 전했습니다.

　그들은 여리고에 갔다. 예수아께서 제자들과 큰 무리와 함께 여리고를 떠나실 때에, 디매오의 아들 바디매오라는 눈먼 거지가 길가에 앉아 있다가 나사렛 사람 예슈아가 지나가신다는 말을 듣고 "다윗의 자손 예슈아, 나를 불쌍히 여겨 주십시오" 하고 외치며 말하기 시작했다.

그래서 많은 사람이 조용히 하라고 그를 꾸짖었으나, 그는 더욱더 큰 소리로 외쳤다. "다윗의 자손이여, 나를 불쌍히 여겨 주십시오."

예슈아께서 걸음을 멈추시고, 그를 불러오라고 말씀하셨다.

그리하여 그들은 그 눈먼 사람을 불러서 그에게 말했다. "용기를 내어 일어나시오. 예슈아께서 당신을 부르시오." 그는 자기의 겉옷을 벗어 던지고, 벌떡 일어나서 예슈아께로 왔다.

예슈아께서 그에게 말씀하셨다. "제가 당신에게 무엇을 해 주기를 바라십니까?"

그 눈먼 사람이 예슈아께 말했다. "랍비여, 내가 다시 볼 수 있게 하여 주십시오."

예슈아께서 그에게 말씀하셨다. "가십시오. 당신의 믿음이 당신을 구원했습니다." 그러자 그 눈먼 사람은 곧 다시 보게 됐다. 그리고 그는 예슈아가 가시는 길을 따라 나섰다. (마가복음 10:46-52)

예슈아께서 가까이 다가오고 계실 때 많은 사람들이 그

분께 말을 걸고 있었고, 많은 사람들이 다가서고 있었어요. 소음이 굉장했고, 그 열기도 마찬가지였습니다. 몇몇 사람들은 할렐 시편, 곧 "시온으로 올라가자, 위대한 왕의 도시인 시온으로 올라가자"라며 예루살렘으로 가는 순례자들이 부르는 노래들을 부르고 있었습니다. 몇몇은 갈릴리에서 예슈아께서 행하신 기적들에 대해 이야기하고 있었습니다. 저는 그분이 저를 보지 못한 채 지나칠까 봐 두려워하며 "다윗의 자손"이라고 외쳤습니다.

제가 그렇게 외쳤던 이유는, 다윗의 자손은 당연히 솔로몬이었고 솔로몬은 그의 지혜와 사람을 치유하는 지식으로 유명했기 때문입니다. 제 생각에 예슈아는 그분인 것 같아 보였습니다. 즉, 예슈아는 지혜로운 랍비이셨고 치유사이셨습니다. 그래서 그분을 다윗의 자손이라고 불렀습니다. 그리고 자비를 구했습니다. 어떤 멍청이가 저보고 조용히 하라면서 꾸짖고 입을 다물라고 했습니다. 하지만 저는 제 기회를 놓치지 않으려고 다시 소리 질렀습니다. 이번에는 예슈아께서 들으시고 먼지나는 길에서 멈추셨습니다. 제자 중 하나에게 저를 데려오라고 말씀하셨고, 그중 하나가 저에게 주님께서 부르시니 안심하라고 말해주었습니다. 저는 제 마음에 희망과 기대를 갖게 됐고, 심장박동이 빨라졌습니다.

그분은 저한테 오시지 않고 제가 그분께 가기를 원하셨습니다. 갑자기 일어나서 제 지팡이를 짚고 예슈아의 목소리가 들리는 방향을 향해 더듬어 가는 모습을 상상해 보세요. 걷는 데 방해가 되는 겉옷을 벗어 던지고 저는 천천히, 조심스럽게, 예슈아가 계신 곳으로 몸을 질질 끌며 걸어갔습니다.

제가 볼 수 없다는 것을 모두 확실히 알 수 있었습니다. 성서를 아는 사람이라면 눈먼 사람의 치유에 관한 이야기가 거기에 없다는 것을 알 것입니다. 이사야가 언젠가 이런 일이 일어날 것이라고 약속했지만, 옛날에 이런 일이 기록된 적은 없습니다. 그래도 저는 생각했습니다. '어쩌면 오늘 이사야의 말씀이 성취될지 몰라.' 예슈아께서 저에게 그분이 무엇을 해주길 원하는지 물어보실 때 놀랐지만, 저는 주저하지 않았습니다. 나중에 저는 그분이 제 자신의 치유에 참여하길 원하셨다는 것을 깨달았습니다. 그래서 그분은 제가 그분께 다가오도록 하셨습니다. 저는 벅찬 감정에 젖어 작고 애처로운 목소리로 말했습니다. "제발, 선생님, 저는 처음으로 볼 수 있기를 원합니다."

그분은 저를 만지지 않으셨습니다. 손을 대신 적이 없습니다. 그저 말씀하실 뿐이었습니다. "가세요, 당신의 믿음이 당신을 치유했습니다." 갑자기, 제 삶에 빛이 비쳤습니다. 너무 밝아서 눈을 가려야 했지만, 처음 보는 것이 제 치유자인 예수아가 되길 원했습니다. 그래서 저는 예루살렘으로 가는 길에 그분을 따르지 않을 수 없었습니다. 왜냐하면 감사할 일이 너무 많았으니까요. 저는 시편을 부르기 시작했습니다.

> 나는 소리를 높여서 주님께 부르짖는다. 나는 소리를 높여서 주님께 애원한다. 내 억울함을 주님께 호소하고, 내 고통을 주님께 아뢴다. (시편 142:1-2)

예수아는 어떤 마술이나 옷자락이 저를 치유한 것이 아니라, 제가 예수아께서 저를 치유할 수 있다고 믿은 것 때문에 치유된 것이라고 강조하셨습니다. 믿음이 없었다면 일어나지 않을 일이었던 것입니다. 저는 확신합니다. 하지만 예수아가 안 계셨다면 치유는 가능하지 않았을 것입니다. 그날에 저는 그분의 제자가 됐고, 지금 꼬부랑 노인이 되어서도 계속 그를 따르고 있습니다. 저는 아직도 여기 여리고에 살고 있고, 듣고자 하는 모든 이들에게 제게 일어난 일을 전합니다. 어떤 사람들은 믿고 어떤 사람들은 안 믿겠지만, 제가 이제 볼 수 있다는 것은 누구도 부정할 수 없습니다. 증거가 그들 바로 눈앞에 있으니까요!

제14장
사마리아 여인

저는 제 일에만 신경쓰면서, 마을의 다른 여인들과의 접촉을 피하기 위해 일반적으로 동틀 녘에 가는 것과는 달리, 대낮에 우물에 갔습니다. 제 혼인 이력은 마을에서 끊임없이 이야깃거리와 조롱의 대상이 됐고, 제가 남편이 아닌 남자와 동거하기로 결정했을 때는 더욱 심해졌습니다. 그때부터 정말로 저는 사람들의 입에 자주 오르내렸지만, 그들이 할 수 있는 일은 많지 않았습니다. 왜냐하면 제가 지금 만나는 사람은 부유한 사람으로 회당의 주요 후원자였고, 마을 사람들은 그의 후원이 끊어질까 봐 몸을 사렸기 때문이지요. 일부는 제 등 뒤에서 비난하고 평소처럼 수군거렸습니다. 다

른 이들은 랍비에게 무언가를 하도록 요청했지만, 그는 아무
것도 하지 않았습니다.

저는 가끔 이 늙은 여편네들이 제 복잡한 개인적 인간관
계 말고 실제로 이야기할 만한 것이 있을지 궁금합니다. 물
론, 그들은 모든 경우에 제가 아니라 남자들이 관계를 시작
했다는 사실을 잊습니다! 남자들이 저를 따라온 것이지, 그
반대가 아닙니다. 때때로 여성의 매력은 축복이 아니라 저주
이지만, 실은 저에겐 독립적인 생계 수단이 없었기 때문에,
생존하기 위해 제 삶에 남자가 필요했습니다. 남성 중심 사
회가 돌아가는 방식이 그런 것이지요. 그리고 명확히 말씀드
리자면, 사마리아 역시 갈릴리나 유대처럼 남성 중심 사회입
니다. 그것에 대해 제가 할 수 있는 것은 없습니다. 하지만 당
신은 저의 불평을 듣기 위해 여기에 오신 것이 아닐 것입니
다. 당신은 예슈아와의 만남에 대해 듣고 싶으시겠지요. 그
럴 만합니다. 하지만 저는 교육받은 사람이 아니기 때문에,
예슈아의 후기 제자 중 한 명에게 제 이야기를 대신 전하도
록 하겠습니다. 그 후 제가 몇 가지 설명을 더해 드리겠습니
다. 그 제자는 이렇게 전합니다.

　　예슈아께서는 유대를 떠나, 다시 갈릴리로 가셨다. 그렇게 하

려면, 사마리아를 거쳐서 가실 수밖에 없었다. 예슈아께서 사마리아에 있는 수가라는 마을에 이르셨다. 이 마을은 야곱이 아들 요셉에게 준 땅에서 가까운 곳이며, 야곱의 우물이 거기에 있었다. 예슈아께서 길을 가시다가, 피로하셔서 우물가에 앉으셨다. 때는 오정쯤이었다.

한 사마리아 여자가 물을 길으러 나왔다. 예슈아께서 그 여자에게 마실 물을 좀 달라고 말씀하셨다. (제자들은 먹을 것을 사러 동네에 들어가서, 그 자리에 없었다.)

사마리아 여자가 예슈아께 말했다. "선생님은 유대 사람인데, 어떻게 사마리아 여자인 나에게 물을 달라고 하십니까?" (유대 사람은 사마리아 사람과 상종하지 않기 때문이다.)

예슈아께서 그 여자에게 대답하셨다. "당신이 하-님의 선물을 알고, 또 당신에게 물을 달라는 사람이 누구인지를 알았더라면, 도리어 당신이 그에게 청했을 것이고, 그는 당신에게 생수를 주었을 것입니다."

여자가 말했다. "선생님, 선생님에게는 두레박도 없고, 이 우물은 깊은데, 선생님은 어디에서 생수를 구하신다는 말입니까? 선생님이 우리 조상 야곱보다 더 위대하신 분이라는 말입니까? 그는 우리에게 이 우물을 주었고, 그와 그 자녀들과 그 가축까지, 다 이 우물의 물을 마셨습니다."

예슈아께서 말씀하셨다. "이 물을 마시는 사람은 다시 목마를 것입니다. 그러나 내가 주는 물을 마시는 사람은, 영원히 목마르지 않을 것입니다. 내가 주는 물은, 그 사람 속에서, 영생에 이르게 하는 샘물이 될 것입니다."

그 여자가 말했다. "선생님, 그 물을 나에게 주셔서, 내가 목마르지도 않고, 또 물을 길으러 여기까지 나오지도 않게 해 주십시오."

예슈아께서 그 여자에게 말씀하셨다. "가서, 당신의 남편을 불러 오세요."

그 여자가 대답했다. "나에게는 남편이 없습니다."

예슈아께서 여자에게 말씀하셨다. "남편이 없다고 한 말이 맞습니다. 당신에게는 남편이 다섯이나 있었고, 지금 같이 살고 있는 남자도 당신의 남편이 아니니, 바로 말하셨습니다."

여자가 말했다. "선생님, 내가 보니, 선생님은 예언자이십니다. 우리 조상은 이 산에서 예배를 드렸는데, 유대인인 당신들은 예배드려야 할 곳이 예루살렘에 있다고 합니다."

예슈아께서 말씀하셨다. "여인이여, 제 말을 믿으세요. 당신들이 아버지께, 이 산에서 예배를 드려야 한다거나, 예루살렘에서 예배를 드려야 한다거나, 하지 않을 때가 올 것입니다. 당신들은 당신들이 알지 못하는 것을 예배하고, 우리는 우리가 아는 분을 예배합니다. 구원은 유대 사람들에게서 나기 때문입니다. 참되게 예배를 드리는 사람들이 영과 진리로 아버지께 예배를 드릴 때가 올 것입니다. 지금이 바로 그때입니다. 아버지께서는 이렇게 예배를 드리는 사람들을 찾으십니다. 하-님은 영이십니다. 그러므로 하-님께 예배를 드리는 사람은 영과 진리로 예배를 드려야 합니다."

여자가 예슈아께 말했다. "나는 그리스도라고 하는 메시아가 오실 것을 압니다. 그가 오시면, 우리에게 모든 것을 알려 주실 것입니다."

예슈아께서 말씀하셨다. "당신에게 말하고 있는 내가 그 사람입니다."

이때 제자들이 돌아와서, 예슈아께서 그 여자와 말씀을 나누시는 것을 보고 놀랐다. 그러나 예슈아께 "웬일이십니까?" 하거나, "어찌하여 이 여자와 말씀을 나누고 계십니까?" 하고 묻는 사람이 한 사람도 없었다.

그 여자는 물동이를 버려 두고 동네로 들어가서, 사람들에게 말했다. "내가 한 일을 모두 알아맞히신 분이 계십니다. 와서 보십시오. 그분이 그리스도가 아닐까요?" 사람들이 동네에서 나와서, 예슈아께로 갔다.

그러는 동안에, 제자들이 예슈아께, "랍비님, 잡수십시오"

하고 권했다.

그러나 예슈아께서는 그들에게 말씀하시기를 "저에게는 여러분이 알지 못하는 먹을 양식이 있습니다" 하셨다.

제자들은 "누가 잡수실 것을 가져다드렸을까?" 하고 서로 말했다.

예슈아께서 그들에게 말씀하셨다. "나의 양식은, 나를 보내신 분의 뜻을 행하고, 그분의 일을 이루는 것입니다. 여러분은 넉 달이 지나야 추수 때가 된다고 하지 않습니까? 그러나 저는 여러분에게 말합니다. 눈을 들어서 밭을 보십시오. 이미 곡식이 익어서, 거둘 때가 됐습니다. 추수하는 사람은 품삯을 받으며, 영생에 이르는 열매를 거두어들입니다. 그리하면 씨를 뿌리는 사람과 추수하는 사람이 함께 기뻐할 것입니다. 그러므로 '한 사람은 심고, 한 사람은 거둔다'는 말이 옳습니다. 저는 여러분을 보내서, 여러분이 수고하지 않은 것을 거두게 했습니다. 수고는 남들이 했는데, 여러분은 그들의 수고의 결실에 참여하게 된 것입니다."

그 동네에서 많은 사마리아 사람이 예슈아를 믿게 됐다. 그것은 그 여자가, 자기가 한 일을 예슈아께서 다 알아맞히셨다고 증언했기 때문이다. 사마리아 사람들이 예슈아께 와서, 자기들과 함께 머무시기를 청하므로, 예슈아께서는 이틀 동안 거

기에 머무르셨다. 그래서 더 많은 사람들이 예슈아의 말씀을
듣고서 믿게 됐다.

그들은 그 여자에게 말했다. "우리가 믿는 것은, 이제 당신
의 말 때문만은 아닙니다. 우리가 그 말씀을 직접 들어보고, 이
분이 참으로 세상의 구주이심을 알았기 때문이에요." (요한복음
4:3-42)

이야기를 이해하시기 위해서는 유대인들과 사마리아인
들 사이의 악감정에 대해 조금 알 필요가 있습니다. 당연히
이 이야기는 우리가 같은 그릇을 쓰지 않고, 상대의 장소에
묵지 않는다고 말하지만, 그것은 빙산의 일각일 뿐입니다.
유대인들과 사마리아인들은 서로 싫어하며 서로를 죽인 지
아주 오래 됐습니다. 예슈아의 시대보다 몇백 년 전 앗시리
아 침공 때에, 우리 지도자들의 일부는 호송되어 추방당하게
됐지만, 우리 대부분은 남게 됐습니다. 유대 땅에 있었던 유
대인들은 우리를 도우러 오지 않았고 바벨론의 통치자인 느
부갓네살이 예루살렘을 쳐들어 올 때, 우리도 유대인을 돕지
않았습니다. 우리 백성들 중 다수는 그들이 끌려가는 것을
고소하게 생각했지요.

오늘까지 유대인들은 대체적으로 사마리아 땅을 지나서

여행하는 것을 피합니다. 왜냐하면 그들의 많은 선생들이 우리 땅이 시체처럼 영구적으로 부패하다고 말하기 때문입니다. 실제로 그들은 보통 갈릴리에서 유대로 또는 그 반대로 갈 때 사마리아를 우회해서 갑니다. 예슈아가 사마리아에 있는 것이나 사마리아인들과 접촉하는 것에 대해 아무 문제가 없었다는 게 그분이 얼마나 다른 분이신지를 보여줍니다. 아마 그분께서 여기 수가를 방문하셨던 며칠을 포함해 여러 군데에서 말씀하셨던 작은 비유를 기억하실지 모르겠습니다. 이렇게 말씀하셨지요.

어떤 율법교사가 일어나서, 예슈아를 시험하여 말했다. "선생님, 내가 무엇을 해야 영생을 얻겠습니까?"

예슈아께서 그에게 말씀하셨다. "율법에 무엇이라고 기록했고, 당신은 그것을 어떻게 읽고 있습니까?"

그가 대답했다. "'네 마음을 다하고 네 목숨을 다하고 네 힘을 다하고 네 뜻을 다하여, 주 너의 하-님을 사랑하여라' 했고, 또 '네 이웃을 네 몸같이 사랑하여라' 했습니다."

예슈아께서 그에게 말씀하셨다. "당신의 대답이 옳습니다. 그대로 행하세요. 그러면 살 것입니다."

그런데 그 율법교사는 자기를 옳게 보이고 싶어서 예슈아께 말했다. "그러면, 내 이웃이 누구입니까?"

예슈아께서 대답하셨다. "어떤 사람이 예루살렘에서 여리고로 내려가다가 강도들을 만났습니다. 강도들이 그 옷을 벗기고 때려서, 거의 죽게 된 채로 내버려두고 갔습니다. 마침 어떤 제사장이 그 길로 내려가다가 그 사람을 보고 피하여 지나갔습니다. 이와 같이, 레위 사람도 그곳에 이르러 그 사람을 보고, 피하여 지나갔습니다. 그러나 어떤 사마리아 사람은 길을 가다가, 그 사람이 있는 곳에 이르러, 그를 보고 측은한 마음이 들어서, 가까이 가서, 그 상처에 올리브 기름과 포도주를 붓고 싸맨 다음에, 자기 짐승에 태워서, 여관으로 데리고 가서 돌보아주었습니다. 다음 날, 그는 두 데나리온을 꺼내어서, 여관 주인에게 주고, 말하기를 '이 사람을 돌보아주십시오. 비용이 더 들면, 내가 돌아오는 길에 갚겠습니다'라고 말했습니다.

당신은 이 세 사람 가운데서 누가 강도 만난 사람에게 이웃이 되어 주었다고 생각하십니까?"

그가 대답했다. "자비를 베푼 사람입니다."

예슈아께서 그에게 말씀하셨다. "가서, 당신도 이와 같이 하세요." (누가복음 10:25-37)

이 비유에서 가장 주목할 만한 점은, 예슈아께서 이웃을 자신처럼 사랑하라는 명령을 설명하기 위해 사마리아인을 예로 선택하셨다는 것입니다. 이것은, 사마리아인과 다른 비유대인들을 포함하지 않는 이웃의 정의는 충분히 넓지 않다는 것을 시사합니다. 사마리아인을 도덕적인 표본으로 사용해서 가르칠 유대인 교사는 얼마 없을 것입니다. 또한 사마리아인이 타지에 있었음에도 불구하고, 그는 자비를 베풀기 위해 각별한 노력을 하며, 다른 이들에게 이웃이 되는 방법을 보여주었다는 것을 발견할 수 있습니다.

유대인들은 이 비유가 그들의 성서에 있는 이야기를 바탕으로 하고 있다고 말합니다. 그들의 토라는 우리의 것과 다릅니다. 우리는 모세의 책들만 믿습니다. 다른 것은 받아들이지 않습니다. 하지만 때로는 '왕국서'(Kingdoms: 역대기를 가리키는 칠십인역 명칭—편집자)라고 불리기도 하고 '역대기'라고 불리기도 하는 책에 예슈아께서 염두에 두셨을지도 모를 이야기가 있습니다(역대하 28:8-15). 어쨌든, 저는 이 비유가 대부분의 유대인들을 불쾌하게 했을 것이라고 확신합니다. 특히 우리 민족들 사이의 종교 전쟁 때문에 그렇습니다. 설명해 드리겠습니다.

후기 유대 기록들 중 하나(느헤미야 4:1-2)는 다리오가 (산발랏이라는 이름을 가진) 유대의 총독을 임명하고 사마리아의 '군대'는 예루살렘의 성전과 성벽이 지어지는 일을 반대했다고 말합니다(참고, 에스라 4장). 한 세기가 조금 지나서, 우리 사마리아인들은 그리심 산에 우리의 성전을 지었는데 그것은 예수아께서 우리 마을을 방문하시기 150년 전쯤에 헬레니즘화된 유대인 지도자인 요한 히르카누스에 의해 파괴됐습니다. 이 두 사건은 유대인들과 사마리아인들 사이의 적대감을 악화시키기만 했습니다. 그러니 왜 제가 대화를 다른 방향으로 틀으려고 했는지 이해하시겠지요. 저는 예수아가 진짜 성전이 어디에 있냐는 질문에 어떻게 말할지 궁금했습니다. 그런데 오히려 그분은 참된 예배가 어떨지에 대해서 이야기하셨습니다. 제가 대화의 주제를 바꾼 이유는 예수아께서 제 화려한 과거를 언급하셨기 때문입니다.

들어보세요. 저처럼 배경이 문란하다고 여겨지는 여자는 부정한 사람으로 간주될 것입니다. 그래서 저는 도대체 왜 딱 봐도 우리가 입지 않는 기도용 숄을 걸치고 있는 전형적인 유대인인 예수아께서 물을 한 잔 달라고 물어보셨는지 이해할 수가 없었습니다. 제가 만약에 그 물잔을 건넨다면, 그분의 관점에서 부정하게 되는 것이 아닌가요? 하지만 그분은 그런 질문에 개의치 않으셨어요. 제가 드린 물잔으로 마시는 것을 주저하지 않으셨고, 심지어 저와 깊은 대화를 하는 것도 꺼려하지 않으셨습니다.

우리 사마리아인들은 메시아적 인물이 어떨지 상당히 구체적으로 믿고 있어요. 우리에게는 모세의 다섯 책밖에 없기 때문에 자연스럽게, 우리는 그분이 모세와 같거나 아니면 최소한 모세가 그의 마지막 책에서 말하는 마지막 때의 예언자가 와서 그리심 산에 숨겨져 있는, 그가 두고 간 회막의 거룩한 그릇들이 있는 곳을 찾고 나타내 줄 것이라고 믿었습니다. 예슈아께서 자신이 실제로 그 메시아적 인물이라고 말씀하셨을 때, 제가 얼마나 놀랐는지 상상이 안 되실 것입니다! 하지만 그것이 말이 되기 시작했어요. 왜냐하면 그분은 제가 제 개인적인 이야기를 말하지 않았음에도 제 삶의 비밀을 밝혀 내셨기 때문입니다! 저는 이 사실을 마을 사람들에게 알리기 위해 부리나케 마을로 달려갔는데, 이 일 때문에 마을이 소란스러운 가운데 저는 그들이 예슈아를 만날 수 있게끔 했습니다. 놀라운 것은 제가 그분이 제 결혼 생활에 대해 말씀하신 것을 그들에게 전했을 때, 즉 그들이 자주 이야기하던 주제를 말했을 때, 그분이 예언자일 것이라고 믿고 그분을 만나러 나왔다는 것입니다. 저는 그들이 믿게 된 것이 제 증언 때문이 아니라, 그들이 직접 그분을 만났기 때문이라고 했을 때에는 다소 실망했습니다. 제가 한 일이 대단한 것은 아니었지만 실망스럽긴 하더라고요.

솔직히 예슈아를 따르는 제자들에 대해서는 어떻게 생각해야 될지 몰랐습니다. 그들은 예슈아의 방문으로 이익을 얻도록 사람들을 데려오는 것보다 자신들의 배를 채우는 음식을 찾는 데 더 관심이 있는 것 같았습니다. 그리고 그들은 둔감해 보였습니다. 그들은 예슈아께서 일상적인 것에 대해 이야기하시는 것처럼 생각했지만, 사실 그분은 더 깊은 것들, 즉 영적인 음식과 영적인 물에 대해 이야기하고 계셨습니다. 예슈아는 또 그들에게 예슈아에 대한 좋은 말을 전하는 사람들과 그를 믿는 무리 안으로 사람들을 데려오는 자들을 가리켜 씨 뿌리는 사람과 수확하는 자라고 말씀하셨지만, 결국에는 예슈아와 제가 말씀을 뿌리는 자들이었지, 그 제자들은 아니었습니다.

저 역시 둔감했다고 생각하지 않으시도록 제가 예슈아와 나눈 대화에 대해 하나 더 말씀드리자면, 우리 세계에서 '생수'란 흐르는 물을 의미합니다. 그래서 예슈아님이 처음에 살아있는 물에 대해 이야기하실 때, 저는 그분이 우물이 아닌 시냇물에 대해 이야기하시는 것으로 생각했습니다. 그러나 결국 보니, 그분은 영혼을 적시는 훨씬 더 깊은 종류의 물에 대해 이야기하고 계셨던 것입니다. 저는 그 제자들에게 너무 엄격하지 않아야겠습니다. 왜냐하면 저도 처음에는 물에 대해, 그들이 음식에 대해 생각했던 것과 같은 일상적인 수준에서 생각했으니 말입니다. 어쨌든, 결과적으로 예슈아와 그분의 제자들은 며칠 더 머물렀고, 우리와 함께있던 사람들 중 한 명은 그분과 함께 보낸 그 며칠을 통해 예슈아가 세상의 구원자라고 넌지시 이야기하기도 했습니다. 예슈아가 우리 사마리아인들이 기대했던 바와 같이 모세의 삶과 가르침에 의해 제시된 모든 기준을 충족시키시기 때문에, 저는 이에 동의합니다. 많은 다른 사람들도 그분이 우리와 함께 계셨던 그 이후로 그렇게 생각해 왔습니다.

제15장
엘르아살

어떤 생각을 갖고 계시든, 저를 세베대의 요한과 혼동하지 말아주세요. 그는 갈릴리 제자였고 예슈아와 가장 가까이에 있었던 세 명의 제자 중 하나였지만, 저는 유대 땅에 있던 예슈아의 제자니 말입니다. 저는 베다니에 살았지만 이제는 에베소에 살고 있습니다. **저야말로** '예슈아께서 사랑하시는 자'라는 호칭과 이름으로 알려져 있는 유일한 제자입니다. 물론, 예슈아는 우리 모두를 사랑하셨습니다. 당연히 그러셨지만, 우리 관계는 특별히 가까웠습니다. 예슈아께서 예루살렘의 명절을 위해 올라오실 때마다 우리와 함께 묵으셨습니다. 마르다, 미리암, 그리고 저와 말이지요. 우리는 가족과 같이 가까웠어요. 그러니 제가 죽었을 때, 미리암과 마르다만 망연자실했던 것이 아니라 예슈아께서도 그러했다는 것을 여러분은 이해하실 필요가 있습니다. 제 누이들은 그분께서 제 무덤 앞에서 우셨다고 말합니다. 저는 그분께서 분명히 그러셨을 것이라고 생각합니다. 하지만 그분은 그 문제를 해결하려고 하셨고 기적적으로 정말 해결하셨습니다!

제가 죽음에서 다시 살아나 주님을 섬기고 약속의 땅과 다른 곳들에서도 활동하게 된 것이 아니었다면, 제가 여러분께 이 모든 것을 전하고 있지 않을 것입니다. 또한 저는 모든 사람들이 읽을 수 있도록 제 증언, 즉 사랑받는 제자의 증언을 기록했습니다. 제가 너무 앞서 나가고 있군요. 증언이 스스로 말하도록 하지요. 이야기의 극적인 부분에서 시작해서, 앞뒤로 설명하려 합니다. 이 이야기의 일부는 에베소에서 함께한 동료인 요한이, 즉 이 시점에서 제3자인 그가 이야기를 하는 것이 가장 좋다고 생각했기 때문에 3인칭으로 되어 있습니다. 결국 저는 병들었고 죽었으며, 그 시점에서 이야기의 큰 부분에 대한 기억이 없으니 말입니다.

한 병자가 있었는데, 그는 미리암과 그의 자매 마르다의 마을 베다니에 사는 엘르아살이었다. (미리암은 주님께 향유를 붓고, 자기의 머리털로 주님의 발을 씻은 여자요, 병든 엘르아살은 그의 오라버니이다.) 그 누이들이 사람을 예슈아께로 보내면서 이렇게 말했다. "주님, 보십시오. 주님께서 사랑하시는 사람이 앓고 있습니다."

예슈아께서 들으시고 말씀하셨다. "이 병은 죽을 병이 아니라 오히려 하느님의 영광을 드러낼 병입니다. 이것으로 말미암아 하느님의 아들이 영광을 받게 될 것입니다." 예슈아께서는 마르다와 그의 자매와 엘르아살을 사랑하셨다. 그런데 예슈아께서는 엘르아살이 앓는다는 말을 들으시고도, 계시던 그곳에 이틀이나 더 머무르셨다. 그러고 나서 제자들에게 "다시 유대 지방으로 갑시다" 하고 말씀하셨다.

제자들이 예슈아께 말했다. "선생님, 방금도 유대 사람들이 선생님을 돌로 치려고 했는데, 다시 그리로 가려고 하십니까?"

예슈아께서 대답하셨다. "낮은 열두 시간이나 되지 않습니까? 사람이 낮에 걸어다니면, 햇빛이 있으므로 걸려서 넘어지지 않습니다. 그러나 밤에 걸어다니면, 빛이 그 사람 안에 없으므로, 걸려서 넘어지게 됩니다."

이 말씀을 하신 뒤에, 그들에게 말씀하셨다. "우리 친구 엘르아살은 잠들었습니다. 내가 가서, 그를 깨우겠습니다."

제자들이 말했다. "주님, 그가 잠들었으면, 낫게 될 것입니다." 예슈아께서는 엘르아살이 죽었다는 뜻으로 말씀하셨는데,

제자들은 그가 잠이 들어 쉰다고 말씀하시는 것으로 생각했다.

이때 예슈아께서 그들에게 밝히 말씀하셨다. "엘르아살은 죽었습니다. 제가 거기에 있지 않은 것이 여러분을 위해서 도리어 잘된 일이므로, 기쁘게 생각합니다. 이 일로 인해 여러분이 믿게 될 것입니다. 그에게로 갑시다."

그러자 디두모라고도 하는 도마가 동료 제자들에게 "우리도 그와 함께 죽으러 갑시다" 하고 말했다.

예슈아께서 가서 보시니, 엘르아살이 무덤 속에 있은 지가 벌써 나흘이나 됐다. 베다니는 예루살렘에서 오 리가 조금 넘는 가까운 곳인데, 많은 유대 사람이 그 오라버니의 일로 마르다와 미리암을 위로하러 와 있었다. 마르다는 예슈아께서 오신다는 말을 듣고서 맞으러 나가고, 미리암은 집에 앉아 있었다.

마르다가 예슈아께 말했다. "주님, 주님이 여기에 계셨더라면, 내 오라버니가 죽지 아니했을 것입니다. 그러나 이제라도, 나는 주님께서 하느님께 구하시는 것은 무엇이나 하느님께서 다 이루어 주실 줄 압니다."

예슈아께서 마르다에게 말씀하셨다. "당신의 오라버니가 다시 살아날 것입니다."

마르다가 예슈아께 말했다. "마지막 날 부활 때에 그가 다시 살아나리라는 것은 내가 압니다."

예슈아께서 마르다에게 말씀하셨다. "나는 부활이요 생명이니, 나를 믿는 사람은 죽어도 살고, 살아서 나를 믿는 사람은 영원히 죽지 않을 것입니다. 이것을 믿으십니까?"

마르다가 예슈아께 말했다. "예, 주님! 주님은 세상에 오실 메시아이시며, 하-님의 아들이심을 내가 믿습니다."

이렇게 말한 뒤에, 마르다는 가서 그 자매 미리암을 불러서 가만히 말했다. "선생님께서 와 계시는데, 너를 부르신다." 이 말을 듣고, 미리암은 급히 일어나서 예슈아께로 갔다. 예슈아께서는 아직 동네에 들어가지 않으시고, 마르다가 예슈아를 맞이하던 곳에 그냥 계셨다. 집에서 미리암과 함께 있으면서 그를 위로해 주던 유대 사람들은, 미리암이 급히 일어나서 나가는 것을 보고, 무덤으로 가서 울려고 하는 것으로 생각하고, 그를 따라갔다.

미리암은 예슈아께서 계신 곳으로 와서, 예슈아님을 뵙고, 그 발 아래에 엎드려서 말했다. "주님, 주님이 여기에 계셨더라면, 내 오라버니가 죽지 않았을 것입니다."

예슈아께서는 미리암이 우는 것과, 함께 따라온 유대 사람들이 우는 것을 보시고, 마음이 비통하여 괴로워하셨다. 예슈아께서 그들에게 물으셨다. "그를 어디에 두었습니까?"

그들이 대답했다. "주님, 와 보십시오."

예슈아께서는 눈물을 흘리셨다.

그러자 유대 사람들은 "보시오, 그가 얼마나 엘르아살을 사랑했는가!" 하고 말했다.

그 가운데서 어떤 사람은 이렇게 말했다. "눈먼 사람의 눈을 뜨게 하신 분이, 이 사람을 죽지 않게 하실 수 없었단 말이오?"

예슈아께서 다시 속으로 비통하게 여기시면서 무덤으로 가셨다. 무덤은 동굴인데, 그 어귀는 돌로 막아 놓았다. 예슈아께서 "돌을 옮겨 놓으세요"라고 하셨다.

죽은 사람의 누이 마르다가 말했다. "주님, 죽은 지가 나흘이나 되어서, 벌써 냄새가 납니다."

예슈아께서 마르다에게 말씀하셨다. "당신이 믿으면 하-님의 영광을 보게 되리라고, 제가 당신께 말하지 않았습니까?"

사람들이 그 돌을 옮겨 놓았다. 예슈아께서 하늘을 우러러보시고 말씀하셨다. "아버지, 내 말을 들어주신 것을 감사드립니다. 아버지께서는 언제나 내 말을 들어주신다는 것을 압니다. 그런데도 이렇게 말씀을 드리는 것은, 둘러선 무리를 위해서입니다. 그들로 하여금 아버지께서 나를 보내신 것을 믿게하려는 것입니다."

이렇게 말씀하신 다음에, 큰 소리로 "엘르아살아, 나오너라” 하고 외치시니, 죽었던 사람이 나왔다. 손발은 천으로 감겨 있고, 얼굴은 수건으로 싸매여 있었다.

예슈아께서 그들에게 “그를 풀어 주어서, 가게 하세요” 하고 말씀하셨다.

미리암에게 왔다가 예슈아께서 하신 일을 본 유대 사람들 가운데서 많은 사람이 예슈아를 믿게 됐다. 그러나 그 가운데 몇몇 사람은 바리새파 사람들에게 가서, 예슈아가 하신 일을 그들에게 알렸다. 그래서 대제사장들과 바리새파 사람들은 공의회를 소집하여 말했다.

“이 사람이 표징을 많이 행하고 있으니, 어떻게 하면 좋겠습니까? 이 사람을 그대로 두면 모두 그를 믿게 될 것이요, 그렇게 되면 로마 사람들이 와서 우리의 성전과 민족을 약탈할 것입니다.”

그 가운데 한 사람으로서, 그 해의 대제사장인 가야바가 그들에게 말했다. “당신들은 아무것도 모르오. 한 사람이 백성을 위하여 죽어서 민족 전체가 망하지 않는 것이, 당신들에게 유익하다는 것을 생각하지 못하고 있소.”

이 말은, 가야바가 자기 생각으로 한 것이 아니라, 그 해의 대제사장으로서, 예슈아가 민족을 위하여 죽으실 것을 예언한 것이니, 민족을 위할 뿐만 아니라, 흩어져 있는 하ㅡ님의 자녀를 한데 모아서 하나가 되게 하기 위하여 죽으실 것을 예언한 것이다. 그들은 그날로부터 예슈아를 죽이려고 모의했다.

　　그래서 예슈아께서는 유대 사람들 가운데로 더 이상 드러나게 다니지 아니하시고, 거기에서 떠나, 광야에서 가까운 지방 에브라임이라는 마을로 가서, 제자들과 함께 지내셨다.

　　유대 사람들의 유월절이 가까이 다가오니, 많은 사람이 자기의 몸을 성결하게 하려고, 유월절 전에 시골에서 예루살렘으로 올라왔다. 그들은 예슈아를 찾다가, 성전 뜰에 서서 서로 말했다. "당신들은 어떻게 생각합니까? 그가 명절을 지키러 오지 않겠습니까?" 대제사장들과 바리새파 사람들은 예슈아를 잡으려고, 누구든지 그가 있는 곳을 알거든 알려 달라는 명령을 내려 두었다. (요한복음 11장)

이 이야기의 끝에는 위험이 도사리고 있습니다. 예슈아는 예루살렘의 세력가들에게 위협이 됐습니다. 그리고 어떤 면에서는, 예슈아께서 저를 죽음에서 살리신 것이, 마지막 결정적인 요소였습니다. 그것이 예슈아를 없애기 위한 음모를 촉발시켰던 것이지요. 저는 이것 때문에 마음이 괴로웠습니다. 왜냐하면 저에게 일어난 일이 예슈아의 이른 죽음의 원인 중 하나가 됐기 때문입니다. 하지만 그 후에 저는 이 모든 것이 결국 하-님의 계획의 일부였다는 것을 깨달았습니다. 그래서, 몇 가지를 설명하기 위해 조금 뒤로 돌아가겠습니다.

첫째로, 제 아버지의 이름은 시몬이었습니다. 이것은 흔한 이름이었는데, 시몬 마카비가 비록 짧은 시간이나마 우리 땅을 되찾아 준 것을 기리기 위해 많은 이들이 시몬이라는 이름을 자기 아들에게 지어주곤 했습니다. 하지만 제 아버지는 끔찍한 나병을 앓고 있었습니다. 나병 환자는 그가 사람들로부터 배척의 대상이 된다는 것을 의미했고, 우리 역시 그런 취급을 받았습니다. 세 명의 성인 남매가 어른이 되어서도 여전히 함께 살고 있는 이유는 아버지가 이 세상을 떠나셨기 때문입니다. 우리 유대인들은 전염에 대해 매우 주의를 기울이며, 마땅히 그래야만 합니다. 하지만 이것은 끔찍한 병을 앓고 있는 사람들이 반드시 격리되어야 하고, 심지어 기피된다는 것을 의미합니다. 그들은 누군가의 결혼 상대가 될 수 없습니다. 그래서 마르다, 미리암과 저는 한 번도 결혼하지 않았던 것이지요. 이것은 우리가 밖에 나가거나 시장에 가서 음식을 사는 것과 같은 일상적인 활동을 할 수 없다는 것을 의미하지는 않습니다. 병의 징후가 나타나기 전까지는 이러한 일들을 할 수 있었습니다. 하지만 피부가 하얗게 변하기 시작하고, 벗겨지기 시작하면, 그때부터는 끝이었습니다. 그때부터 우리는 어떻게든 기피해야 하는 대상이 됐습니다. 미리암, 마르다, 저는 매우 조심했는데, 아버지가 돌아가신 지 꽤 시간이 흘렀기 때문에 우리는 그 병에 걸리지 않았을지도 모른다고 생각하기 시작했습니다. 그러다가 제가 아프기 시작했고, 눈처럼 피부가 하얘지기 시작했습니다. 처음에는 손, 발, 이마에 나타났습니다.

이 일이 일어났을 때 마르다가 비명을 지르며 하-님께 우리 가정에 또다시 이 비극이 일어났다고 외쳤고 어떻게든 도와달라고 절규했습니다. 그녀는 평소에 꽤나 직설적인 사람이었기 때문에 하-님께도 그렇게 행동했습니다. 바로 그분께 소리를 지르면서 말입니다! 뭐, 사실 시편에서도 이런 경우를 종종 볼 수 있긴 합니다. 어쨌든, 심각한 질병의 증상이 보이기 시작했을 때, 그들은 예수아께 사람을 보냈습니다. 그분은 우리의 마지막이자 최고의 희망이었습니다. 그분이 하늘로부터 허락이 떨어질 때까지 기다리셔야 했다는 제 설명에도 불구하고, 지금까지도 마르다는 그분이 왜 늦게 오셨는지를 이해하지 못하는 것 같습니다. 그녀는 많은 세월이 지났는데도 불구하고, 여전히 그 지연에 대해 아쉬움을 가지고 있습니다.

　왜 마르다와 미리암이 예슈아를 맞았던 이야기에 제가 언급되지 않았는지 궁금하시다면, 그것은 제가 그때 사업차 떠나 있었기 때문입니다. 제가 질병에 걸리기 일 년 전쯤의 일이었습니다. 그 이야기에서 예슈아께서 제자들과 함께 베다니에 오셨는데, 제자들은 집에 들어가지 않았다는 대목을 보세요. 그들은 우리 아버지인 시몬에 대한 이야기를 듣고 전염될까 두려워서 집에 들어올 엄두를 못낸 것입니다. 하지만 예슈아께서는 그런 것에 대해서 대담무쌍한 분이셨기에 누가 전염병에 걸렸든지 간에 그것을 크게 신경 쓰지 않으셨습니다. 그분은 하-님의 치료하는 능력이 어떤 질병이나 어려움도 다 극복할 수 있다고 믿으셨습니다. 그분은 남을 만져서 부정하게 되는 것이 아니라 역으로 그들이 치유되거나 그분께 도움을 받게 됐습니다. 그리고 하-님의 능력이 그분으로부터 무의식적으로 나갈 때도 그분은 그것을 느끼실 수 있었습니다. 예컨대, 하혈의 문제로 고생하는 여인에 대해 이야기해 주신 적이 있었습니다.

　그러면 예슈아께서 입구의 돌을 치우시고 제가 죽음으로부터 살아난 후에 무슨 일이 일어났을까요? 우선, 제 누이들이 예슈아께서 도착하셨을 때 정신이 혼미하고 어리둥절하여 충격에 빠졌던 것에 대해 비난해서는 안 된다고 말하고 싶습니다. 왜냐하면 절대적으로 믿었던 도움의 손길이 너무 늦게 찾아오는 바람에 이제는 모든 것이 끝났다는 끔찍한 생각이 드는 상황에서는 누구나 그런 좌절과 절망에 빠질 수밖에 없기 때문입니다. 누이들은 예수아를 전적으로 신뢰했고 마지막 날의 부활에 대해서도 믿고 있었지만, 저라는 사람이 그 자리에서 부활할 것이라고는 생각하지 못했기 때문에 돌을 치우라는 부탁에 그런 반응을 한 것입니다. 그들은 예수아께서 부활을 약속하실 뿐만 아니라, 그분 자체가 부활이셔서 그분을 만난 누구든, 그 순간 새 생명을 얻을 것이라는 걸 이해하지 못한 것입니다! 예수아 이전에는 그 같은 분이 없었습니다. 선례도 없었던 데다가, 예언자들의 예언과 토라조차 그분이 어떤 분이고 어떤 것을 하실 수 있는지 우리에게 분명하게 말해주지 않았습니다.

제가 이미 언급한 것처럼, 저는 죽음으로부터 되살아났고 이를 기념하고 축하하기 위해 저희 집에서 잔치가 벌어졌는데, 이때 열두 제자 중 하나는 제 누이의 헌신적인 행동이 사치스럽다며 비판했습니다. 저는 예전처럼 건강을 되찾고 온전해졌다고 느꼈으며, 예수아 곁에 기대어 그 시간을 즐기고 있었습니다. 그리고 우리는 이것을 우리 집에서 예수아께서 사람들의 발을 씻기신 유월절 주간 초기에도 그렇게 했었습니다(요한복음 13장). 이 날은 유월절 식사의 밤이 아니었습니다. 그것은 나중에 있었고, 유대 관습에 따라 예루살렘 지역 안에서 있었습니다. 다락은 다른 집에 있었는데 그곳은 예슈아께서 죽음에서 살아나신 후에도 사용될 곳이었습니다.

만약 제 회고록의 후반부를 자세히 보신다면, 제가 여러 군데 언급된 것을 발견하게 되실 것입니다. 저는 예슈아께서 잡히셨을 때, 가야바의 집에 베드로와 함께 갔던 다른 제자였습니다. 거기에 있는 유대인 관리들 중 몇은 전에 제 장례식에 온 적도 있었습니다! 그리고 십자가 사건에 대한 이야기를 읽으시면 골고다에 열두 제자 중 단 한 명도 없었지만, 저는 있었다는 것을 알게 되실 것입니다. 저는 '예슈아께서 사랑하시는 자'였고 예슈아께서 당신의 어머니를 맡긴 사람이었습니다. 그녀는 세베대의 자녀들과 함께 갈릴리로 가지 않으셨어요. 그리고 예슈아께서 살아나신 일요일 아침의 이야기에서 예루살렘의 요셉의 무덤이 어디 있는지 알았던 사람은 저였습니다. 왜냐하면 베다니 출신인 제가 예루살렘에서 예슈아를 따르는 유력한 자들(특히 그중엔 비밀 제자인 자들도)을 알고 있었기 때문이지요. 그래서 저는 어디에 가서 무덤을 찾아야 할지 알았고, 베드로는 저를 따라와야 했습니다.

그리고 제가 그 빈 무덤을 봤을 때, 저는 깨닫게 됐습니다. 저에게 일어난 일이 예수아께도 일어났다는 것을 말입니다. 저는 이것이 성서에 예언됐었는지 아직 알지 못했지만, 제 경험으로 비추어 이 빈 무덤과 무덤 안에 가지런히 말려 있는 수의가 무엇을 뜻하는지 알고 있었습니다. 아니면 왜 제 회고록이 갈릴리의 많은 이야기들을 언급하지 않는지 의문이신지요? 실제로 저는 마가가 언급하는 갈릴리의 기적들 중, 5,000명을 먹이신 것을 빼고는 언급하지 않았습니다(그리고 세베대의 아들들에 대해서도 기록의 끝부분까지 언급을 하지 않았습니다). 이는 좋은 소식에 대한 제 기록이 갈릴리가 아닌 유대와 사마리아의 제자들에게 집중하고 있기 때문입니다.

　　어떤 사람들은 참 이상합니다. 예수아께서 저를 죽음에서 살리셨기 때문에 제가 절대 죽지 않거나, 최소한 예수아께서 약속하신 것처럼 다시 오실 때까지 제가 죽지 않을 것이라고 생각합니다. 예수아는 그렇게 말씀하신 적이 없고 그저 시몬에게 "내가 돌아올 때까지 그가 살아있기를 바란다 해도 …"(요한복음 21:22)라고 말하셨을 뿐입니다. 에베소에 있는 공동체가 이제는 이것을 이해했으면 좋겠는데, 조금 더 해명을 해보겠습니다. 저는 죽을 몸에 다시 새 생명을 갖게 됐습니다. 여전히 질병에 걸릴 수 있고 늙을 수 있고, 네, 죽을 수 있는 몸에 말입니다. 예슈아께서 십자가에 달리신 지 60년이 된 지금에 와서야 제가 제 조상들에게로 돌아갈 것이라는 생각이 들어서, 이렇게 제가 지금 기억할 수 있는 모든 것을 적고 있습니다. 저는 제가 다시 죽을 것을 알고 있어요. 하지만 그것에 대해 평안합니다. 그것은 중요하지 않습니다.

예슈아는 부활이시니 저는 그분과 함께 살고 그분을 통해 살게 될 것입니다. 우선은 낙원에서고, 그다음에는 모든 것의 끝과 부활을 위해 그분과 함께 돌아올 것입니다. 저는 그렇게 보고 있습니다. 그래서 죽음은 이 시점에서 저에게 아무 힘도 가지고 있지 못합니다. 예슈아께서는 죽음을 이기실 수 있음을 여러 번 보이셨습니다. 죽음은, 물론 사탄이 우리에게 쓸 수 있는 최후이자 최악의 무기입니다. 그런 죽음이 우리를 다스릴 힘을 잃는다면, 그 무엇도 우리를 주님으로부터 끊을 수 없을 것입니다. 그 무엇도요. 하늘의 권세들이나 세상의 권세들이나 현재 있는 것들이나 앞으로 있을 것들도요. 제 말을 이해하셨는지요? 창조된 우주의 그 무엇도 말입니다.

제 기록을 언젠가 읽으실 수 있기를 바랍니다. 제가 손으로 쓴 사건에 대한 기록들을 밧모섬에서의 귀양으로부터 돌아온 요한에게 이제 주었습니다. 늙은 독재자 도미티아누스가 죽어 그가 귀양에서 돌아올 수 있어서 하-님께 감사드립니다. 이제 요한에게 넘기겠습니다. 왜냐하면 이제 저는 잘 보이지도 않고, 그가 대신 좋은 소식에 대한 기록을 남길 것이기 때문입니다. 저는 그가 잘할 것이라고 믿습니다. 요한은 자신이 편집하고 제 이야기를 잘 정리한 것뿐이라고 명확하게 밝힐 것입니다.

제가 바로 그 사랑받은 제자이며, 몸이 안 좋거나 너무 늙었다고 느껴질 때, 예수아께서 저를 특별한 친구로서 사랑하셨다는 사실과 다시 그분을 뵐 것이라는 사실을 붙잡고 삽니다. 제가 부활해서 무덤 밖으로 나왔을 때 그분께서 "맙소사, 제발 천을 풀어서 자유롭게 해줘요!"라고 말씀하셨던 장면이 장차 재현될 것입니다. 언젠가 우리는 모두 자유롭게 되고 더 나은 부활의 자녀가 되어 있을 것입니다. 그때까지 우리는 예수아께서 제 누이에게 "나는 부활이고 생명입니다"라고 말씀하셨던 것을 매일매일 붙잡고 살아갑니다.

제16장
간음하다가 붙잡힌 여인[1]

악몽이었습니다. 제가 끌렸던 남자와 쾌락의 절정에 있었다가 한순간에 그의 집에서 끌려 나와 우리 동네에 있는 회당의 장로들에게 발길질과 멸시를 당하고 있었으니 말입니

---

1. 요한복음 7:53-8:11은 많이 사랑받는 이야기이지만, 아마도 요한복음의 원본에 속한 이야기가 아닐 수 있습니다. 왜냐하면 우리가 가진 가장 오래되고 보존이 잘된 사본들에는 이 이야기가 포함되어 있지 않기 때문입니다. 이 단락의 몇몇 문장은 요한복음의 서로 다른 세 부분, 누가복음의 두 부분에 나타납니다—즉 몇몇 사본에는 요한복음 7:36; 21:25; 누가복음 21:38; 24:53 다음에 전체 또는 일부를 포함하고 있습니다. 이것은 본향을 찾는 이야기입니다. 그럼에도 불구하고 이 이야기가 진짜 역사적 근거를 두고 있는 예슈아에 대한 이야기라고 믿기 때문에 이 책에 포함했습니다. 이 이야기를 그린 폴레노브(Polenov)의 원서 표지 그림을 참고해주세요.

다. 불륜 현장에서 발각되어 누군가에게 붙잡히는 것은 모든 여성들에게는 최악의 악몽과도 같습니다. 만약 그녀가 율법 준수라는 의무보다 사랑을 붙잡는 위험을 무릅쓴다면 말입니다. 제 이야기가 이례적이지 않다는 것을 이해하실 필요가 있습니다. 여자들은 혼기가 차기도 전인 12살쯤이 됐을 때에 남자와 약혼하게 됩니다. 그 나이에 사랑은 커녕, 이성적 끌림에 대해 무엇을 알겠습니까? 이 약혼은 여성 본인의 의지와 상관없이 중매결혼으로 이어집니다. 만약 강압적인 성향이 강한 부모를 두었다면 감히 반대할 생각조차 할 수 없지요. 왜냐하면 결혼 상대인 남자가 우리 가족에게 필요한 것들을 가져다줄 것이라는 것을 알기에 부모에 대한 작은 항의조차 죄책감을 느끼게 만듭니다. 어떻게 해도 이길 수 없는 상황입니다. 그래서 곧 사춘기가 올까 말까 한 여자아이는 자신이 속박됐다는 것을 깨닫게 됩니다. 편의를 위한 결혼, 재산의 교환에 불과한 결혼, 사랑 없는 결혼이라는 올가미에 걸리는 것은 드물지 않은 일입니다!

　당신은 제가 저의 잘못된 행동을 정당화하는 것뿐이라고 말씀하실지도 모르겠습니다. 네, 저는 제 행동이 잘못된 것임을 충분히 잘 알고 있습니다. 왜냐하면 저는 결혼 서약을 지키기로 약속했지만, 실제로는 그러지 못했기 때문입니다.

우리의 문화는 명예와 수치를 중요시하는 문화이기 때문에 결혼한 여자의 주된 의무는 후계자를 낳는 것 외에는 가정 생활을 잘 유지하고 특히 성추문으로부터 자신을 지키는 것입니다. 저는 그것에 실패했습니다. 저는 결혼한 지 15년이 됐지만 자녀가 없었고, 남편과의 관계에서도 사랑이 없었으며, 이 상황에서 벗어날 길이 없었습니다. 그래서 매력적인 미혼의 젊은 남성이 다가왔을 때, 운에 맡겼고, 결국에는 현행범으로 잡혔습니다. 물론 일이 일어난 방식은 전혀 공평하지 않았습니다. 불륜 현장에서 잡힌 여성이 있다면 당연히 그 상대인 남성도 있다는 것은 누구나 다 아는 사실인데도, 장로들은 그런 것에는 전혀 신경 쓰지 않은 채 불륜 소식을 접하고는 현장을 급습하여 여자인 저만 잡아갔습니다.

유대인들 사이에서는 불륜 같은 일이 보이면, 처음 일어났을 때 경고를 하고, 오직 그 일이 반복됐을 때에 잡는 관습이 있었습니다. 왜냐하면 불륜에 대한 형벌은 엄격해서 돌로 쳐 죽일 수 있었기 때문입니다. 그런데 제 경우에는 경고가 없었습니다. 저는 바로 알 수 없는 곳으로 끌려가, 갈릴리 예언자인 예슈아라는 분 앞에 던져 놓여지게 됐습니다. 그분에 대해 입소문으로는 들었지만, 그게 전부였습니다. 평소 제 머릿속에 그려져 있던 예언자는 세례자 요한처럼 벼락 같은 정죄를 하는 존재였기에 저는 예슈아 앞에서 그런 상황을 예상하며 단념할 수밖에 없었습니다. 하지만 놀랍게도 제가 예상했던 일은 벌어지지 않았는데, 나중에 예슈아의 제자들 사이에서 전해진 이야기는 이렇습니다.

이른 아침에 예슈아께서 다시 성전에 가시니, 많은 백성이 그에게로 모여들었다. 예슈아께서 앉아서 그들을 가르치실 때에 율법 학자들과 바리새파 사람들이 간음을 하다가 잡힌 여자를 끌고 와서, 가운데 세워 놓고, 예슈아께 말했다. "선생님, 이 여자가 간음을 하다가, 현장에서 잡혔습니다. 모세는 율법에, 이런 여자들을 돌로 쳐 죽이라고 우리에게 명령했습니다. 그런데 선생님은 뭐라고 하시겠습니까?" 그들이 이렇게 말한 것은, 예슈아를 시험하여 고발할 구실을 찾으려는 속셈이었다.

그러나 예슈아께서는 몸을 굽혀서, 손가락으로 땅에 무엇인가를 쓰셨다. 그들이 다그쳐 물으니, 예슈아께서 몸을 일으켜, 그들에게 말씀하셨다. "너희 가운데서 죄가 없는 사람이 먼저 이 여자에게 돌을 던져라." 그러고는 다시 몸을 굽혀서, 땅에 무엇인가를 쓰셨다.

이 말씀을 들은 사람들은, 나이가 많은 이로부터 시작하여, 하나하나 떠나가고, 마침내 예슈아만 남았다. 그 여자는 그대로 서 있었다. 예슈아께서 몸을 일으키시고, 여자에게 말씀하셨다. "여인이여, 사람들은 어디에 있습니까? 당신을 정죄한 사람이 한 사람도 없습니까?"

여자가 대답했다. "주님, 한 사람도 없습니다."

예슈아께서 말씀하셨다. "저도 당신을 정죄하지 않습니다. 가서, 이제부터 다시는 죄를 짓지 마세요." (요한복음 8:2-11)

몇 가지를 설명할 필요가 있습니다. 우선, 장로들은 공동체의 도덕적 기반을 유지할 책임이 있었습니다. 예슈아께서 "죄 없는 자만이 돌을 던져라"라고 말씀하셨을 때, 그분은 결코 어디에서도, 언제든지, 어떤 방식으로도 죄를 지은 적이 없는 사람들을 의미한 것이 아닙니다. 그분은 '**이 일에서** 죄 없는 자만이 돌을 던지라'라는 의미였습니다. 장로들은 그분이 하신 말의 함축적 의미를 깨달았기 때문에, 노인부터 젊은 사람까지 빨리 자리를 떠났습니다.

예슈아의 경우, 장로들이 실제로는 저에게 관심이 없다는 것을 빠르게 알아차리셨습니다. 그들은 단지 저를 이용해 그분을 옭아매려고 했습니다! 만약 그분이 '돌로 치라'고 말하셨다면, 그분은 자비로운 지도자로서의 명성을 잃을 것입니다. 만약 그분이 '돌로 치지 말라'고 하셨다면, 그들은 율법

을 지키지 않는다며 예슈아를 비난했을 것입니다. 그것은 승
산 없는 상황처럼 보였습니다. 그러나 예슈아께서 "죄 없는
자 …"라고 말씀하심으로써, 그들이 놓은 함정을 뒤집고, 사
실은 그들을 승산이 없는 상황에 빠뜨렸습니다! 그것은 기적
적인 반전이었습니다!

　장로들이 떠난 후, 주변에는 몇몇 구경꾼들, 예슈아의 제
자들, 그리고 저만 남았습니다. 저는 떨면서 울고 있었습니
다. 엉망이었습니다. 그분은 제 얼굴을 들어 올리시고 조용
히 말씀하셨습니다. "당신을 정죄한 자들이 여기 남아있습니
까?" 그리고 내가 아니라고 대답하자, 그분은 덧붙이셨습니
다. "저도 당신을 정죄하지 않습니다. 하지만 가서, 다시는
이런 죄를 짓지 마세요. 절대로!"

　저는 정신이 멍한 채로 하-님의 은혜에 감사드리며 그곳
을 신속히 빠져 나와 정처 없이 걸었습니다. 그리고 이후에
그분의 충고를 따랐습니다. 저는 남편에게 돌아갔고, 죄를
회개한다고 말했는데 놀랍게도 그는 마음을 털어놓으며 자
신이 잘못했다고, 제게 너무 엄격했다고 말하면서 저를 다시
받아줬습니다! 전혀 예상하지 못한 일입니다. 그 이후로 모
든 게 더 나아졌습니다. 그중에 가장 큰 기적은 제가 임신해
서 남편의 아이를 낳았다는 것입니다. 아이가 태어났을 때처

럼 그가 그렇게 행복해 하는 것을 본 적이 없습니다. 이 일이 우리의 삶을 좋은 방향으로 바꿔갔습니다. 그렇지만 이후 일어난 일들에 대해 말이 너무 많았네요.

예슈아에 대해 말씀드리고 싶은 또 다른 한 가지는, 그때 그분이 모래에 무엇을 쓰셨는지 저조차도 모른다는 것입니다. 기록자도 말하지 않았고 저도 모릅니다. 왜냐하면 저는 읽고 쓰기를 못 하거든요. 사건이 일어난 지 이렇게 오래 됐으니 이젠 별로 상관이 없는 일입니다. 기록의 내용을 통해 그분이 읽고 쓰실 수 있다는 것을 알 수 있지만, 그분이 정의와 자비의 균형을 잡을 줄 아는 분이셨다는 사실에 비하면 그때 그분이 무엇을 쓰셨는지는 별로 중요한 내용이 아닐 것입니다. 그것은 잃어버린 죄인을 구원하시는 그분의 방법인 것이지요. 저는 그렇게 생각합니다.

제17장
시몬 베드로

어디서부터 시작해야 할지 모르겠습니다. 마가가 이걸 기록하는 동안 저는 로마의 정의로운 심판, 아니, 이 경우에는 부정의를 기다리고 있습니다. 제가 실제로 십자가형을 부탁했다는 것에 그들은 어안이 벙벙했지만, 그렇게 한 이유들이 있습니다. 저는 드디어 로마에 도착했지만 예상했던 방식으로 도착한 것은 아닙니다. 제가 이곳에 교회를 개척하지는 않았지만, 와보니 오래전부터 교회가 설립되어 자라고 있는 것을 볼 수 있었습니다. 예슈아의 유대인 제자들과 이방인 제자들이 분리되어 따로 만나는 것 같긴 했지만요. 그것은 저를 기쁘게 하지 않았습니다. 이곳의 교회들은 화재 이후 네로의 보복에서 살아남았는데, 들은 바에 의하면, 저와 바울을 추적해서 우리를 사형시키고 나면, 그와 백성 사이에 문제가 있다는 소문이 잠잠해질 것이라고 네로가 생각한 모양입니다. 저는 그런 것에는 신경 쓰지 않습니다. 저는 죽기 전에 실라의 재능을 통해 아시아와 비두니아와 다른 곳들에 있는 교회들에 보내질 편지가 쓰였다는 것에 감사드렸습니다. 죽을 날을 알게 되니, 머릿속에서 무엇이 중요하고 무엇이 우선순위에 있어야 할지 명확해지더라고요.

다시 처음으로 돌아가서 제 이야기를 시작하겠습니다. 그때는 예슈아께서 그물 옆에 있던 저를 부르신 때입니다. 실은 그전부터 시작됐습니다. 저는 그분이 말씀을 전하시는 것을 들은 적이 있었지만, 그저 무시했었습니다. 저는 제사장이나 예언자를 지지하는 사람이 아니었습니다. 저는 어업을 통해서 제 아내와 가족을 먹여 살리려는 장사꾼일 뿐이었습니다. 그리고 저는 그걸 꽤 잘하고 있었습니다. 저는 벳새다에 집이 있었고 장모님도 가버나움에 거처가 있었기 때문에 우리는 갈릴리 바다(저는 어떤 사람들이 부르듯이 디베랴 바다라고 부르기를 거부합니다)라고 불리는 긴네렛의 북서쪽 해안의 이 두 군데를 왕래했습니다. 누가는 그날을 이렇게 표현했습니다.

예슈아께서 게네사렛 호숫가에 서 계셨다. 그때에 무리가 예슈
아께 밀려와 하-님의 말씀을 들었다. 예슈아께서 보시니, 배 두
척이 호숫가에 대어 있고, 어부들은 배에서 내려서, 그물을 씻
고 있었다. 예슈아께서 그 배 가운데 하나인 시몬의 배에 올라
서, 그에게 배를 뭍에서 조금 떼어 놓으라고 하신 다음에, 배에
앉으시어 무리를 가르치셨다.

예슈아께서 말씀을 그치시고, 시몬에게 말씀하셨다. "깊은
데로 나아가, 그물을 내려서, 고기를 잡으세요."

시몬이 대답했다. "선생님, 우리가 밤새도록 애를 썼으나,
아무것도 잡지 못했습니다. 그러나 선생님의 말씀을 따라 그물
을 내리겠습니다."

그런 다음에 그대로 하니, 많은 고기 떼가 걸려들어서 그물
이 찢어질 지경이었다. 그래서 그들은 다른 배에 있는 동료들
에게 손짓하여 와서 자기들을 도와달라고 했다. 그들이 와서
고기를 두 배에 가득히 채우니 배가 가라앉을 지경이 됐다.

시몬 베드로가 이것을 보고, 예슈아의 무릎 앞에 엎드려서
말했다. "주님, 나에게서 떠나 주십시오. 나는 죄인입니다." 베
드로 및 그와 함께 있는 모든 사람은, 그들이 잡은 고기가 엄청
나게 많은 것에 놀랐던 것이다. 또한 세베대의 아들들로서 시
몬의 동료인 야고보와 요한도 놀랐다.

예수아께서 시몬에게 말씀하셨다. "두려워하지 마세요. 이 제부터 당신은 사람을 낚을 것입니다." 그들은 배를 뭍에 댄 뒤에, 모든 것을 버려 두고 예수아를 따라갔다. (누가복음 5:1-11)

저는 그분이 좀 두려웠다는 것을 인정해야겠습니다. 그 분에게는 어떤 타고난 능력, 심지어 권위가 있었고, 제게는 신비로운 분이었습니다. 물론, 그분은 제가 어떤 것에 가장 놀랄지 아셨습니다. 그건 바로 월척을 잡는 것입니다. 그분은 무엇이 저를 자극하여 그분의 말씀을 듣고 따르게 될지 알고 계셨습니다. 처음에는 정말 그러고 싶지 않았습니다. 왜냐하면 저는 그저 평범한 고기잡이이고 장사꾼이니 말입니다. 저는 남자나 여자를 이끄는 지도자가 아닙니다. 예언자가 되어 인생을 복잡하게 만들고 싶지 않았고, 어차피 거룩한 사람도 아니었습니다. 예수아께서 제가 보는 앞에서 기적을 일으키셨을 때 제가 보였던 본능적 반응은, 저와 동업자인 세베대 형제들을 대표하여 두려워하며 예수아께 저는 자격이 없는 죄인이니 내버려두어 달라고 말하는 것이었습니다.

물론 예수아는 거기에 완벽한 반응을 하셨습니다. "걱정하지 마세요. 내가 당신을 사람을 낚는 어부가 되게 하겠습니다." 그게 무슨 뜻이었든지 간에 말입니다. 그게 무슨 뜻이었든, 확실한 것은 새로운 업을 이야기하셨다는 것입니다. 사람을 낚는 것은 물고기를 낚는 것보다 훨씬 어렵습니다. 정말입니다.

　정신차렸을 땐, 저는 아내에게 작별의 입맞춤을 하고 그 물들을 두고 예슈아와 함께 길을 따라 나서고 있었습니다. 그것은 마치 약속된 땅 곳곳을 도는 끊임없는 순례와 같았습니다. 다음에 무엇이 올지는 아무도 몰랐습니다. 저는 기적들을 목격했는데, 야이로의 딸을 살리시는 것은 정말 놀라웠습니다. 그 외에도 태어날 때부터 눈먼 사람을 치유하는 일, 거라사의 귀신 들린 자에게서 악령을 쫓아내는 것 등이 우리의 혼을 빼놓는 일들이었는데, 특히 기억에 남는 것은 돼지 떼가 바다로 뛰어 들어가 몰사했던 사건입니다. 그 사건이 생각날 때면 종종 웃음이 나곤 합니다. 예슈아는 제자들에게만 무언가를 드러내고 싶으셨을 때, 우리를 외딴 곳으로 데려가시는 경향이 있었습니다. 가끔은 우리 모두를, 또 가끔은 저와 세베대 형제들만을 데려가셨습니다. 누구를 데려가느냐는 무엇을 하고 싶으셨느냐에 따라 달랐습니다. 한 예는 갈릴리 밖에 있는 헤롯 빌립의 영토인 가이사랴 빌립보에서 있었던 사건입니다.

가이사랴 빌립보는 헬라의 신인 판(Pan)의 이름을 따라 반야스(Banyas)나 판야스(Panyas)라고 불리는 이방인 도시였습니다. 산의 옆면의 구멍들에 신들의 조각상들이 있었고, 심지어 아우구스투스의 신전도 거기에 지어졌는데, 도시의 이름은 빌립과 황제의 명칭을 따서 바뀌었습니다. 혐오스러운 모습이었지만 빌립은 제국의 통치자를 통해서 자신의 신용과 명예를 쌓으려고 노력했었습니다. 판의 동굴도 있었는데, 스틱스강이 거기에서부터 흐른다는 건지, 거기를 통해 스틱스강으로 내려갈 수 있다는 건지, 확실하지 않았습니다. 헬라인들에게 스틱스강은 망자의 땅인 하데스로 갈 수 있는 곳인데 이곳이 그 입구 중 하나라고 보았습니다. 가이사랴 빌립보에 있었던 그 놀라운 날을 제대로 이해하기 위해서는 이런 내용들을 아실 필요가 있습니다. 한 제자가 전한 이야기가 여기 있습니다.

예슈아께서 빌립보의 가이사랴 지방에 이르러서, 제자들에게 물으셨다. "사람들이 사람의 아들을 누구라고 합니까?"

제자들이 대답했다. "세례자 요한이라고 하는 사람들도 있고, 엘리야라고 하는 사람들도 있고, 예레미야나 예언자들 가운데에 한 분이라고 하는 사람들도 있습니다."

예수아께서 그들에게 물으셨다. "그러면 여러분은 저를 누구라고 말하시겠습니까?"

시몬 베드로가 대답했다. "선생님은 살아 계신 하느님의 아들 메시아이십니다."

예수아께서 그에게 말씀하셨다. "요나의 아들 시몬이여, 당신에게 복이 있습니다. 당신에게 이것을 알려 주신 분은, 사람이 아니라, 하늘에 계신 나의 아버지이십니다. 저도 당신에게 말합니다. 당신은 베드로입니다. 저는 이 반석 위에다가 제 교회를 세우겠습니다. 하데스의 문들이 그것을 이기지 못할 것입니다. 제가 당신에게 하늘 나라의 열쇠를 주겠습니다. 당신이 무엇이든지 땅에서 매면 하늘에서도 매일 것이고, 땅에서 풀면 하늘에서도 풀릴 것입니다." 그때 예수아께서 제자들에게 엄명하시기를, 자기가 메시아라는 것을 아무에게도 말하지 말라고 하셨다. (마태복음 16:13-20)

제게 주어진 이름은 시몬입니다. 게바라는 별명을 주신 것은 예수아이십니다. 이 단어는 이름이 아니라 아람어 단어인데 '반석'이라는 뜻을 가지고 있습니다. 예수아께서는 가이사랴 빌립보에서 이 말씀을 하실 때 언어유희를 사용하신 것이지요. 실제로 관계가 있는 두 단어를 사용하셨는데 하나는 '반석'이고 다른 하나는 '기반암'입니다. 다른 제자들은 예수아가 무엇을 뜻하려 하셨는지 자주 물어봤습니다. 제가 내린 결론은, 제가 바른 고백을 한 이후에 이 말씀을 하셨으니까, 그분의 공동체를 저나 저처럼 바른 고백을 한 사람들 위에 지으시겠다는 것입니다. 물론 헬라식 이름인 베드로(Peter)는 **페트로스**(Petros)에서 온 것이고 단순히 '반석'이라는 뜻입니다. 이것 역시 이름이 아니었습니다. 그래서 만약 누가가 그런 것처럼 저를 시몬 베드로라고 부르신다면 그것은 이름과 별명을 같이, 즉 시몬 반석이라고 쓰고 계신 것입니다. 두 이름 모두, 그에 맞게 살기 버거운 이름들이었습니다.

　예수아께서는 그날에 그분의 공동체는 없어지지 않을 것이라고 약속하셨습니다. 그분께서 하데스의 문들이 이기지 못할 것이라고 하신 말씀을 저는 그렇게 이해했습니다. 그 말씀을 하시면서 판의 동굴을 가리키셨지요. 그런데 그 후에는 매는 것과 푸는 것에 대해 이야기하셨는데, 그것은 우리 유대인 세계에서는 어느 명령이 순종하도록 주어진 의무의 명령인지, 어느 명령이 풀려서 자유롭게 된 명령인지를 뜻할 때 씁니다. 하늘 나라는 하-님의 나라와 같은 것인데, 저는 그 열쇠가 하-님의 구원하시는 왕국에 들어가기를 원하는 자들의 고백과 순종의 삶을 판단하는 것이라고 생각했습니다.

이 사건의 끝에 이상한 일이 일어났습니다. 우선 예슈아께서는 우리에게 자신이 유대인들의 기름 부음 받은 자라는 것을 누구에게도 말하지 말라고 하셨습니다. 나중에 저는 그분께서 자신의 방법으로 자신의 때에 맞게 드러내시려 그렇게 하셨음을 알게 됐습니다. 그런데 모든 게 잘 돌아가고 있다고 생각됐는데, 전혀 다른 일이 일어났습니다. 예슈아께서 자신이 죽음을 당할 것이라고 말씀하시기 시작하신 것이고, 그 말에 저는 속상했습니다. 하-님의 기름 부음 받은 자에게 그런 일이 일어나면 안 되지요. 예슈아께서 그분의 이른 죽음에 대해 이야기하기 시작하시면서 모든 것이 내리막길을 달리기 시작했습니다. 제 이야기의 일부분을 한 제자가 이렇게 이야기했습니다.

그때부터 예슈아께서는, 자기가 반드시 예루살렘에 올라가야 하며, 장로들과 대제사장들과 율법 학자들에게 많은 고난을 받고 죽임을 당해야 하며, 3일째 되는 날에 살아나야 한다는 것을, 제자들에게 밝히기 시작하셨다.

이에 베드로가 예슈아를 따로 붙들고 "주님, 안 됩니다. 절대로 이런 일이 주님께 일어나서는 안 됩니다" 하고 말하면서 예슈아께 대들었다.

그러나 예슈아께서는 돌아서서, 베드로에게 말씀하셨다. "사탄아, 내 뒤로 물러가라. 너는 나에게 걸림돌이다. 너는 하님의 일을 생각하지 않고, 사람의 일만 생각하는구나!"

그때 예슈아께서는 제자들에게 말씀하셨다. "누구든지 나를 따라오려면, 자기를 부인하고, 자기 십자가를 지고, 나를 따라오세요. 누구든지 자기 목숨을 구하고자 하는 사람은 잃을 것이고, 나 때문에 자기 목숨을 잃는 사람은 찾을 것입니다. 사람이 온 세상을 얻고도 제 목숨을 잃으면, 무슨 이득이 있겠습니까? 또 사람이 제 목숨을 되찾는 대가로 무엇을 내놓겠습니까? 사람의 아들이 자기 아버지의 영광에 싸여, 자기 천사들을 거느리고 올 것인데, 그때 그는 각 사람에게, 그 행실대로 갚아줄 것입니다. (마태복음 16:21-27)

예슈아의 정체성에 대한 바른 이해를 갖고 있다고 생각한 직후에 저는 그분에게 사탄이라고 불렸습니다! 이는 그분이 일찍 죽기를 바라지 않았다는 것 때문입니다! 그때는 무척 당혹스러웠습니다. 우리 중에 누구도 메시아가 십자가는커녕, 잔인한 죽음을 당할 거라고 배우면서 자라지 않았으니 말입니다. 우리 대부분은 다윗 왕같이 군 지도자가 되어 모든 것을 다스리고 이 땅에서 적대적인 사람들을 쓸어내는 메시아를 예상했습니다. 그런데 이것은 예슈아의 계획도 아니었고, 그분의 정체성에도 맞지 않았습니다. 그분은 폭력을 일으키는 데에는 전혀 관여하고 싶지 않으셨고, 아이러니하게도 오히려 그것을 당할 것을 알고 계셨습니다. 때로는 가장 비폭력적인 사람이 가장 위험한 인물로 여겨진다는 것이 참 이상하지요.

가이사랴 빌립보는 예슈아께서 자신과 하느님의 계획을 나타내신 유일한 장소가 아니었습니다. 우리는 다른 어떤 산에 올라갔고, 더 신비로운 체험을 하게 됐습니다. 나중에 제가 마가에게 어떤 일이 있었는지 말해 준 것을 적게 했는데, 3인칭으로 된 그의 요약과 제 이야기를 같이 들려 드리겠습니다.

그리고 엿새 뒤, 예슈아께서 베드로와 야고보와 요한만을 데리고, 따로 높은 산으로 가셨다. 그런데, 그들이 보는 앞에서, 그의 모습이 변했다. 그 옷은 세상의 어떤 빨래꾼이라도 그렇게 희게 할 수 없을 만큼 새하얗게 빛났다. 그리고 엘리야가 모세와 함께 그들에게 나타나더니, 예슈아와 말을 주고받았다.

그래서 베드로가 예슈아께 말했다. "랍비님, 우리가 여기에 있는 것이 좋겠습니다. 우리가 초막 셋을 지어서, 하나에는 랍비님을, 하나에는 모세를, 하나에는 엘리야를 모시겠습니다."
베드로는 무슨 말을 해야 좋을지 몰라서 이런 말을 했던 것이
다. 제자들이 겁에 질렸기 때문이다.

그런데 구름이 일어나서, 그들을 뒤덮었다. 그리고 구름 속
에서 소리가 났다. "이는 내 아들, 내 사랑하는 자다. 너희는 그
의 말을 들어라."

그들이 문득 둘러보았으나, 아무도 없고, 예슈아만 그들과
함께 계셨다.

그들이 산에서 내려올 때에, 예슈아께서는 그들에게 명하
시어, 사람의 아들이 죽은 사람들 가운데서 살아날 때까지는,
본 것을 아무에게도 이야기하지 말라고 하셨다. 그들은 이 말
씀을 간직하고, 죽은 사람들 가운데서 살아난다는 것이 무슨
뜻인가를 서로 물었다.

그들이 예슈아께 물었다. "어찌하여 율법 학자들은 엘리야
가 먼저 와야 한다고 합니까?"

예슈아께서 그들에게 말씀하셨다. "확실히 엘리야가 먼저
와서, 모든 것을 회복해야 합니다. 그런데, 사람의 아들이 많은
고난을 받고 멸시를 당할 것이라고 기록한 것은, 어찌 된 일인
가요? 제가 여러분에게 말합니다. 엘리야는 이미 왔습니다. 그
런데, 그를 두고 기록한 대로, 사람들은 그를 함부로 대했습니

다." (마가복음 9:2-13)

그리고 여기 제 이야기가 있습니다.

우리가 여러분에게 우리 주 메시아 예슈아의 권능과 재림을 알려 드린 것은, 교묘하게 꾸민 신화를 따라서 한 것이 아닙니다. 우리는 그의 위엄을 눈으로 본 사람들입니다. 더없이 영광스러운 분께서 그에게 말씀하시기를 "이는 내 사랑하는 아들이요, 내가 사랑하는 자다" 하실 때에, 그는 하-님 아버지께로부터 존귀와 영광을 받았습니다. 우리가 그 거룩한 산에서 그분과 함께 있을 때에 우리는 이 말소리가 하늘로부터 들려오는 것을 들었습니다. (베드로후서 1:16-18)

이 기록들에 대해 저는 정말 많은 이야기를 할 수 있습니다. 예슈아께서는 하-님이 그러셨던 것처럼 우리에게 그분이 정확히 어떤 분이신지를 명료하게 보여주려고 하셨습니다. 그때엔 일부는 이해했고, 일부는 이해하지 못했지만, 지금은 성령의 도움과 뒤늦은 깨달음으로 더 많이 이해하고 있습니다. 사람들은 신적이거나 기적적인 조우에 다양하게 반응합니다. 어떤 사람들은 그저 말을 잃고 멍하니 서서 눈이 동그래집니다. 저는 그와는 반대 성향인 사람이라서 어떤 비범한 사건이 저를 두렵게 만들면 흥분하고 때로는 오히려 힘이 넘침으로써 어떻게든 적극적으로 반응하게 됩니다. 예를 들면 말이 많아지는 식으로요. 부끄럽게도 그런 상황 속에서 제가 보인 반응에 대한 마가의 평가는 정확했습니다. 율법과 예언자들의 대표들과 예슈아께서 눈부시듯 하얀 옷을 입고 있는 장면에서 무슨 일이 일어나고 있는지 갈피를 잡지 못했습니다. 그분은 아주 특별한 하느님의 아들인 것을 보여줬습니다. 하지만 그것이 정확히 무엇을 의미하는 것인가요? 나중에 배우게 된 것은 하느님의 임재와 능력과 존귀와 위엄이 예슈아 안에서, 그리고 예슈아를 통해 나타나서 예슈아를 보고 그분을 이해한 사람은 아버지의 참 속성과 뜻을 알게 된 것이라는 것입니다.

네, 저는 특별한 산 정상 체험들을 했지만, 끔찍한 경험들도 했다는 것을 인정하지 않는다면 솔직하지 못한 것이겠지요. 제가 유월절 식사 때 모두가 그분을 버린다고 해도 저는 절대로 그러지 않을 거라는 약속을 했다는 것을 기억하실 것입니다. 하지만 예슈아께서는 제가 절체절명의 상황에서 무너질 것을 알고 계셨고, 심지어 그 밤에 제가 다시 돌아서게 될 것도 말씀하셨습니다. 제가 가야바 대제사장의 뜰에서 예슈아를 세 번 부인했던 기억은 여전히 제 안에 치유되지 않은 상처로 남아 있습니다. 마지막에는 맹세까지 하며 부인했지요. 하-님의 유일한 아들을 모른다고 하-님께 맹세하는 것은 끔찍한 일입니다! 마찬가지로 갈릴리에서 예슈아님과 우리 관계를 회복한 그날도 제 마음에 깊이 새겨져 있습니다. 사랑받은 제자가 그 이야기를 이렇게 전했습니다.

그 뒤에 예슈아께서 디베랴 바다에서 다시 제자들에게 자기를 나타내셨는데, 그가 나타나신 경위는 이러하다. 시몬 베드로와 쌍둥이라고 불리는 도마와 갈릴리 가나 사람 나다나엘과 세베대의 아들들과 제자들 가운데서 다른 두 사람이 한 자리에 있었다. 시몬 베드로가 그들에게 말하기를 "나는 고기를 잡으러 가겠소" 하니, 그들이 "우리도 함께 가겠소" 하고 말했다. 그들은 나가서 배를 탔다. 그러나 그날 밤에는 고기를 한 마리도 잡지 못했다.

이미 동틀 무렵이 됐다. 그때 예슈아께서 바닷가에 들어서셨으나, 제자들은 그가 예슈아이신 줄을 알지 못했다.

그때 예슈아께서 제자들에게 물으셨다. "얘들아, 무얼 좀 잡았느냐?"

그들이 대답했다. "못 잡았습니다."

예슈아께서 그들에게 말씀하셨다. "그물을 배 오른쪽에 던져라. 그리하면 잡을 것이다." 제자들이 그물을 던지니, 고기가 너무 많이 걸려서, 그물을 끌어올릴 수가 없었다.

예슈아가 사랑하시는 제자가 베드로에게 "저분은 주님이시다" 하고 말했다. 시몬 베드로는 주님이시라는 말을 듣고서, 벗었던 몸에다가 겉옷을 두르고, 바다로 뛰어내렸다. 그러나 나머지 제자들은 작은 배를 탄 채로, 고기가 든 그물을 끌면서, 해안으로 나왔다. 그들은 육지에서 백 자 남짓밖에 떨어지지 않은 곳에 들어가서 고기를 잡고 있었던 것이다. 그들이 땅에 올라와서 보니 숯불이 피워져 있었는데, 그 위에 생선이 놓여 있고 빵도 있었다.

예슈아께서 제자들에게 말씀하셨다. "여러분이 지금 잡은 생선을 조금 가져오세요." 시몬 베드로가 배에 올라가서, 그물을 땅으로 끌어내렸다. 그물 안에는 큰 고기가 백쉰세 마리나 들어 있었다. 고기가 그렇게 많았으나 그물이 찢어지지 않았다. 예슈아께서 그들에게 말씀하셨다. "와서 아침을 먹으세요." 제자들 가운데서 아무도 감히 "선생님은 누구십니까?" 하고 묻는 사람이 없었다. 그가 주님이신 것을 알았기 때문이다.

예슈아께서 가까이 오셔서, 빵을 집어서 그들에게 주시고, 이와 같이 생선도 주셨다. 예슈아께서 죽은 사람들 가운데서 살아나신 뒤에 제자들에게 자기를 나타내신 것은 이번이 세 번째였다.

그들이 아침을 먹은 뒤에, 예슈아께서 시몬 베드로에게 물으셨다. "요한의 아들 시몬이여, 당신은 이 사람들보다 나를 더 사랑합니까?"

베드로가 대답했다. "주님, 그렇습니다. 내가 주님을 사랑하는 줄을 주님께서 아십니다."

예슈아께서 그에게 말씀하셨다. "내 어린 양 떼를 먹이세요."

예슈아께서 두 번째로 그에게 물으셨다. "요한의 아들 시몬이여, 당신은 나를 사랑합니까?"

베드로가 대답했다. "주님, 그렇습니다. 내가 주님을 사랑하는 줄을 주님께서 아십니다."

예슈아께서 그에게 말씀하셨다. "내 양 떼를 치세요."

예슈아께서 세 번째로 물으셨다. "요한의 아들 시몬이여, 당신은 나를 사랑합니까?"

베드로는, 예슈아께서 "당신은 나를 사랑합니까?" 하고 세 번이나 물으시니, 마음이 아팠다. 베드로가 대답했다. "주님, 주님께서는 모든 것을 아십니다. 그러므로 내가 주님을 사랑하는 줄을 주님께서 아십니다" 하고 대답했다.

예슈아께서 그에게 말씀하셨다. "내 양 떼를 먹이세요. 저는 진실로 진실로 당신에게 말합니다. 당신이 젊어서는 스스로 띠를 띠고 당신이 가고 싶은 곳을 다녔으나, 당신이 늙어서는 당신의 팔을 벌릴 것이고 다른 사람이 당신에게 옷을 입혀서 당신이 바라지 않는 곳으로 당신을 끌고 갈 것입니다." 예슈아께서 이렇게 말씀하신 것은, 베드로가 어떤 죽음으로 하-님께 영광을 돌릴 것인가를 암시하신 것이다. 예슈아께서 이 말씀을 하시고 나서, 베드로에게 "저를 따르세요!" 하고 말씀하셨다.

(요한복음 21:1-19)

저는 벌써 예루살렘에서 한 번 부활하신 예슈아를 뵀는데 그분은 우리보다 먼저 갈릴리에 가 계시겠다고 우리에게 말씀하셨습니다. 그래서 저는 우리가 어느 시점엔 거기로 돌아가야 한다고 추측했습니다. 그래서 그분을 뵙고 며칠 후에, 저는 집으로 돌아갔습니다. 그물을 정리하고 물고기를 잡으러 갔고, 옛 동업자였던 세베대의 아들들도 왔으며, 처음으로 사랑받은 제자인 엘르아살도 왔습니다. 제가 그에 대해 한 가지 알게 된 것은 그가 저보다 훨씬 영적으로 예민하다는 것이었습니다. 그는 무덤을 보고 무덤에 옷이 말려 있는 것을 본 것만으로도 예슈아께서 죽음에서 일어나셨다고 믿었습니다. 저의 경우, 어안이 벙벙했는데, 엘르아살은 자신이 죽음으로부터 되살려졌기 때문에 예슈아에게도 같은 일이 일어났다고 생각하는 것이라고 느꼈습니다.

여하튼, 우리는 갈릴리 바다에서 물고기를 잡고 있었는데 단 한 마리도 잡을 수 없었지요. 약간 거리가 있는 해안가에는 한 남자가 서 있었는데, 우리를 "젊은이들"이라고 부르면서 그물을 반대편으로 던져보라는 이상한 제안을 했습니다. 이 말을 들었을 때 저는 예전에 사람 낚는 어부가 되라고 저를 부르신 그날에 예슈아께서 제 배에 앉아서 이와 똑같이 하셨던 말씀이 머릿속에 떠올랐어야 했을 텐데, 그때는 고기 잡는 데 정신이 팔려서 둘 사이의 연결점을 발견할 수 없었습니다. 어쨌든, 우리가 배가 차고 넘치도록 많은 물고기를 잡았을 때 엘르아살이 외쳤습니다. "주님이시다." 그리고 그가 옳았습니다. 충동적으로, 습관대로 저는 겉옷을 두르고 바다에 뛰어들어 해안가로 헤엄쳤습니다. 있잖아요, 저는 예슈아와 너무나도 관계를 회복하고 싶었습니다. 예루살렘에서 처음 그분을 보았을 때, 저는 그저 놀라기만 했었지 과거의 잘못을 해결했다는 느낌은 없었습니다. 그래서 이번에는 제가 부인한 것들에 대해 만회하고 싶었습니다. 흥미롭게도, 예슈아께서도 같은 생각을 하고 계셨던 것 같습니다.

우리가 해안에 도착했을 때, 예슈아께서 이미 아침 식사를 준비하셨기 때문에 사실 우리가 잡은 물고기는 필요하지 않았지만, 그래도 가져오라고 하셨습니다. 우리가 식사 준비에 아무런 도움을 주지 못한 것을 두고 민망해 하지 않도록 하기 위함이었겠지요. 저는 여러분이 예수아와 저의 대화를 이해하셨으면 합니다. 물론 원래는 아람어로 되어 있었지만, 엘르아살은 자신의 청중을 위해 헬라어로 기록했습니다. 예수아는 처음엔 제게 이 친구들과 같은 사랑을 가지고 있는지 물으셨습니다. 저는 그렇다고 대답했지만, 형제애를 나타내는 단어를 사용한 반면, 예수아는 더 높은 사랑, 신적인 사랑에 대해 말씀하셨습니다. 다시, 그분은 신적인 사랑으로 사랑하는지 물으셨고, 저는 형제처럼 사랑한다고 대답했습니다. 하지만 사실 그분이 물으신 것은 그게 아니었겠지요? 하지만 세 번째에는 그분도 제가 사용한 형제애라는 용어를 사용하셨고, 그때 저는 정말 울컥했습니다. 저는 그분이 모든 것을 아신다고 말했습니다. 하지만 그분이 정말로 저로부터 듣고 싶으셨던 것은 전심, 영혼, 마음, 힘으로 그분을 사랑하고, 모든 것을 다해 그를 섬길 준비가 되어 있는지였습니다. 자신의 십자가를 짊어지고, 완전히 희생적이 되어 그를 따를 준비가 되어 있었는지가 그분이 진정으로 알고 싶어 하셨던 것입니다. 그리고 대화의 끝에서 그분은 제가 실제로 언젠가 로마인들에 의해 포로로 잡혀가 사형당하게 될 것임을 상기시켜 주셨습니다. 이제 그 일이 일어났습니다.

그 당시 특히 인상적이었던 것 한 가지는 모닥불이었는데, 그것은 가야바의 안뜰을 연상시켰습니다. 아마 예슈아께서는 그것을 의도하셨던 것이겠지요. 제가 세 번 부인한 것처럼 저의 헌신을 세 번 재확인하셨으니까 말입니다. 그리고 그분은 제게 세 부분으로 나눠진 명령을 하셨습니다. 그분의 어린 양을 먹이고 치며, 그분의 젊은 제자들과 나이 든 양들까지도 그렇게 하라는 것이었습니다. 자, 편지 쓰기를 방금 끝냈고 이제 그들에게 보냈습니다. 편지가 그들에게 도움이 되기를 소망합니다. 그 편지는 예슈아께서 그러셨던 것처럼, 그분이 고난받는 종이 되신 것에 대해 많은 부분을 할애하고 있습니다(참고, 베드로전서). 그리고 그분은 그것보다도 훨씬 더 크신 분이셨지요. 하-님 그분 안에서 생명의 '예'는 죽음의 '아니오'보다 더 크게 울렸습니다. 그분은 다시 사셔서 통치하시는 주님이십니다. 하-님께 감사를 드립니다.

제18장
예슈아의 어머니

할 말은 너무 많은데, 어디서부터 시작해야 할까요? 물론, 제가 아직 어린 미성년자였을 때 제가 예슈아의 어머니가 될 것이라고 알려줘서 저를 죽을 만큼 놀라게 한 천사에 대해서 이야기할 수 있을 것입니다. 제가 약혼했던 기술공인 요셉의 도움 없이는 아이를 낳을 수 없었을 것이라는 것도요. 자칫하면 남편이 될 사람 없이 임신해서 돌에 맞아 죽을 수도 있었던, 그 위험한 기적으로부터 우리는 살아남을 수 있었습니다. 아이가 나오기 전에 나사렛을 떠난 것은 잘한 일이었는데, 그러기 위해서 저는 요셉이 인구조사에 등록하러 갈 때 같이 가겠다고 고집을 부렸습니다. 저는 미가의 예언에 나오는 베들레헴의 메시아 탄생에 대해 생각하지 않았지만 하느님은 우리가 온전히 깨닫든지, 깨닫지 못하든지 우리를 바른 방향으로 인도하고 계셨습니다.

출산 후에도 위험은 여전했습니다. 헤롯은 경쟁자를 용납하지 않을 것이었기 때문에 헤롯이 죽을 때까지 우리는 자주 유대인들의 피난처가 되어줬던 애굽으로 도망갔습니다. 결국에 우리는 나사렛으로 돌아올 수 있었습니다. 그 시점에는 제 임신에 대한 소문이 수그러들었고, 결혼 생활을 이어갈 수 있었습니다. 요셉은 돌과 나무를 다루는 뛰어난 장인이었고, 특히 헤롯 안디바가 새로운 도시를 건설하고 있던 세포리스 언덕 너머의 건설 현장에서 그를 필요로 했습니다. 아들들도 그곳에서 기술을 배웠습니다. 특히 예슈아가 그랬지요.

예슈아가 열두 살이었을 때, 우리가 축제에 참가하기 위해 예루살렘에 올라갔던 것을 생생하게 기억합니다. 그때에 이미 그는 총명했고 많은 질문을 했습니다. 나중에 바울의 동반자인 누가가 그 여행에서 일어난 일에 대해 저에게 물었습니다. 그는 우리가 예루살렘을 떠날 때 예슈아를 놓고 온 사고에 대해 들었습니다. 이렇게 그가 이야기를 다시 전합니다.

예슈아가 열두 살이 되는 해에도, 그들은 절기 관습을 따라 유월절을 지키러 예루살렘에 올라갔다. 그런데 그들이 절기를 마치고 돌아올 때에, 소년 예슈아는 예루살렘에 그대로 머물러 있었다. 그의 부모는 이 사실도 모른 채 그저 아들이 일행 가운데 있을 거라 생각하고 하룻길을 갔다. 그 뒤에 비로소 그들의 친척들과 친지들 가운데서 그를 찾았지만, 찾지 못하여, 예루살렘으로 되돌아가서 찾아다녔다. 3일 뒤에야 그들은 성전에서 예슈아를 찾아냈는데, 그는 선생들 가운데 앉아서, 그들의 말을 듣기도 하고, 그들에게 묻기도 하고 있었다. 그의 말을 듣고 있던 사람들은 모두 그의 슬기와 대답에 경탄했다. 그 부모는 예슈아를 보고 놀라서, 어머니가 예슈아에게 말했다. "애야, 이게 무슨 일이냐? 네 아버지와 내가 너를 찾느라고 얼마나 애를 태웠는지 모른다."

예슈아가 부모에게 말했다. "어째서 저를 찾으셨습니까? 제가 제 아버지의 집에 있어야 할 줄을 알지 못하셨습니까?" 그러나 부모는 예슈아가 자기들에게 한 그 말이 무슨 뜻인지를 깨닫지 못했다.

예슈아는 부모와 함께 내려가 나사렛으로 돌아가서, 그들에게 순종하면서 지냈다. 예슈아의 어머니는 이 모든 일을 마음에 간직했다. 예슈아는 지혜와 키가 자라고, 하-님과 사람에 게 더욱 사랑을 받았다. (누가복음 2:42-52)

이 일에 대해 몇 가지를 말할 필요가 있습니다. 우선, 우리는 친척과 친구들과 함께 여행하고 있었고, 예슈아가 여행에서 다른 곳을 방문하며 시간을 보내는 것은 일반적이었습니다. 벌써 다 큰 아이였고 명석한 아이였으니까요. 우리는 그를 믿었습니다. 그런데 우리의 순례 여정에서 나사렛으로 돌아가기로 결정했을 때, 그가 우리의 떠남을 알고 있을 거라고 생각했고, 또한 그가 우리와 같이 오고 있을 거라고 생각했습니다. 하지만 예슈아가 나사렛 순례객들 사이에 없다는 것을 발견했을 때, 우리는 공황에 빠졌습니다. 우리는 빠르게 예루살렘으로 돌아가, 모든 곳을 뒤졌고 마침내 그가 성전 뜰에서 토라 학자들과 토라의 미묘한 부분들을 가지고 논쟁을 하는 모습을 발견했습니다. 우리는 그의 입에서 나오는 모든 말을 들으면서 충격에 빠질 수밖에 없었습니다.

저는 대화 중간에 끼어들며 왜 그가 부모에게 이런 잘못을 했는지 물었는데, 그의 대답은 약간 책망처럼 들렸습니다. 저는 요셉을 그의 아빠라고 말했지만 예슈아는 "제가 **제** 아버지의 집에 있어야 할 줄을 알지 못하셨습니까?"라고 되

물으며 나사렛에 있는 집이 자신의 집이 아니라 오히려 예루살렘의 성전이 자기 집이라고 말한 것입니다! 요셉은 이것을 잘 받아들이지 못했습니다. 하지만 그는 친부가 아님에도 불구하고, 너그럽게 예수아를 맏아들로 받아들였습니다. 그리고 그때 우리의 입에서 다른 말이 더 나오기 전에 예수아는 조용히 우리와 함께 집으로 돌아가기로 했고 우리에게 순종했습니다. 사실 우리는 그가 그날 우리에게 한 말의 전체적인 의미를 제대로 이해하지 못했지만, 우리가 알 수 있는 한 가지는 그의 지혜가 자라가며 성서에 박식한 주변 사람들에게 깊은 인상을 주고 있었으며, 심지어 열두 살에도 하느님의 은총이 그에게 있는 것으로 보였다는 것입니다.

그때부터 예수아가 사역을 시작할 서른쯤까지의 모든 날들을 이야기하진 않겠습니다. 그 시절은 어떤 면에서는 좋은 날들이었고, 또 어떤 면에서는 힘든 날들이었습니다. 그 기간 동안 요셉과 저는 여러 명의 아이들을 낳았습니다. 아들도 낳고 딸도 낳았는데, 그중 첫째는 야곱이었습니다. 그런 다음 재앙이 닥쳤습니다. 요셉이 세포리스 현장에서 사망했고, 예수아는 능숙하게 가장의 역할을 감당했습니다. 이것이 그가 사역을 위해 떠나는 것을 어렵게 만들었습니다. 자신의 동생 야곱에게 예수아는 가장의 일을 조금씩 넘기고 있었기 때문에 야곱은 예슈아의 부름에 대해 별로 좋게 생각하지 않았습니다(참고, 요한복음 7:5). 그는, 물론 예슈아가 놀라운 일을 할 수 있다는 것을 알고 있었지만, 제자들을 부르려고 갈 때, 그가 가족을 버리고 가는 것이라고 느꼈습니다. 그가 죽고 부활하기 전까지 다른 아이들 중 누구도 그의 제자가 되지는 않았습니다. 그것은 슬픈 현실이었습니다. 하지만 이제는 기쁜 날들에 대해 이야기해 봅시다. 예슈아가 나사렛 근처 가나에서 결혼식에 축복을 내렸던 날과 같은 것을 말입니다. 엘르아살은 제가 한번 그에게 들려준 이야기를 이렇게 전합니다.

3일째 되는 날에 갈릴리 가나에 혼인 잔치가 있었다. 예슈아의 어머니가 거기에 계셨고, 예슈아와 그의 제자들도 그 잔치에 초대를 받았다. 그런데 포도주가 떨어지니, 예슈아의 어머니가 예슈아에게 말하기를 "포도주가 떨어졌다" 했다.

예슈아께서 어머니에게 말씀하셨다. "여자여, 그것이 저와 당신에게 무슨 상관이 있습니까? 아직도 나의 때가 오지 않았습니다."

그 어머니가 일꾼들에게 이르기를 "무엇이든지, 그가 시키는 대로 하세요" 했다.

그런데 유대 사람의 정결 예법을 따라, 거기에는 돌로 만든 물항아리 여섯이 놓여 있었는데, 그것은 물 두세 동이들이 항아리였다.

예슈아께서 일꾼들에게 말씀하셨다. "이 항아리에 물을 채우세요." 그래서 그들은 항아리마다 물을 가득 채웠다.

예슈아께서 그들에게 말씀하셨다. "이제는 떠서, 잔치를 맡은 이에게 가져다주세요."

그들이 그대로 했다. 잔치를 맡은 이는, 포도주로 변한 물을 맛보고, 그것이 어디에서 났는지 알지 못했으나, 물을 떠온 일꾼들은 알았다. 그래서 잔치를 맡은 이는 신랑을 불러서 그에게 말하기를 "누구든지 먼저 좋은 포도주를 내놓고, 손님들이 취한 뒤에 덜 좋은 것을 내놓는데, 그대는 이렇게 좋은 포도주를 지금까지 남겨 두었구려!" 했다.

예슈아께서 이 첫 번 표징을 갈릴리 가나에서 행하여 자기의 영광을 드러내시니, 그의 제자들이 그를 믿게 됐다.

이 일이 있은 뒤에, 예슈아께서는 그의 어머니와 형제들과 제자들과 함께 가버나움에 내려가셔서, 거기에 며칠 동안 머물러 계셨다. (요한복음 2:1-12)

우리가 사는 나사렛에서 멀지 않은 곳에 친척의 결혼식

이 있었습니다. 제 사촌 중 하나가 결혼을 하는 자리였고 당연히 가족이 전부 다 초대를 받았습니다. 이런 잔치는 며칠이고 계속될 수 있고, 그러다 보면 음식이나 포도주가 동이 날 가능성이 있습니다. 이런 잔치에서 손님을 잘 대접하는 것이 우리 사회에서는 매우 중요한 일이었기 때문에 저는 그런 일이 일어났을 때 우리가 이 잔치를 거들 필요가 있다고 생각했습니다. 그래서 예슈아에게 도움을 요청했습니다. 저는 그가 도울 수 있다는 것을 알았습니다. 그가 놀라운 일들을 하는 것을 전에 본 적이 있기 때문이지요. 제가 염두에 두지 않은 것은, 그가 압바(Abba: 개역개정에서 "아빠"로 번역—편집자)라고 부르는 하늘 아버지의 인도 없이는 자신을 드러내고 싶지 않았다는 것입니다. 아직은 그가 누구이고 무엇을 할 수 있는지 드러낼 때가 아니었습니다.

처음에 저는 그가 "여자여, 그것이 저와 당신에게 무슨 상관이 있습니까"라고 했을 때 일종의 책망으로 이해했습니다. 제가 간섭하며 주제를 넘는 일을 하고 있다고 생각하는 것으로요. 하지만 그의 어투는 그가 아무것도 하지 않겠다는 느낌을 주지 않고, 다만 드러나게 하지 않겠다는 느낌이었습니다. 그래서 결혼식에 있는 종들에게 말했습니다. "무엇이든지, 그가 시키는 대로 하세요." 저는 분명히 그가 눈에 띄지 않는 방법으로 도울 것이라고 생각했습니다. 그리고 그가 종들에게 가서 정결 의식을 위한 돌로 만든 물항아리를 채우라고 말했습니다. 얼핏 보면 이상한 부탁으로 보일 수 있지만 종들은 순종하고 그렇게 했습니다. 그리곤 그는 그 종들 중 하나에게 국자를 가지고 물항아리 중 하나에서 퍼서 잔에 담으라고 했습니다. 그리고 그 종이 그렇게 했을 때 물이 붉게 변했습니다! 깜짝 놀란 종은 예수아와 제자들 그리고 가족 중 몇 명을 빼고 이 기적을 목격한 유일한 사람이었지요.

잔치를 주관하는 이가 신랑과 이야기하기 전에 포도주를 시음하고 얼굴에 이상한 표정을 지었던 것은 우습게 보일 수도 있는 광경이었습니다. 그는 말했습니다. "예법은 술 마시는 사람들이 아직 미각이 예민할 때 최고의 포도주를 먼저 제공하는 것입니다. 그 후에 사람들이 많이 취하지 않고 결혼식에서 부적절하게 행동하지 않도록 포도주를 점차 물로 희석하지요. 그런데 당신은, 최고의 포도주를 마지막까지 아꼈군요!"

결혼식 참석자 대부분과 손님들은 포도주가 떨어졌다는 말을 들었기 때문에 당황했었는데, 제가 예수아를 바라보니, 그는 얼굴에 큰 미소를 짓고 있었습니다. 이렇게 예수아 덕분에 주인 가족의 명예는 지켜졌습니다. 저는 그를 매우 자랑스러워했고, 그는 확실히 사람들로부터 많은 주목을 받을 만한 행동을 하지 않았습니다. 그러나 그의 제자들과 저는 그 내막을 알았고, 그렇게 그에게 다가올 영광의 모습의 일부분을 본 후, 그와 함께 가버나움으로 내려갔습니다. 이후로도 계속 이렇게 모든 일이 잘 풀렸다고 말하고 싶지만, 곧 예슈아가 곳곳에서 귀신을 내쫓기 시작하면서 부정적인 반응들이 나타나기 시작했고, 일부 반대자들은 그가 악한 자인 사탄과 결탁했다고 주장하기 시작했습니다.

이것은 저와 야곱과 다른 아이들에게 많은 고민거리였으나, 그럼에도 불구하고 예슈아는 비판 때문에 사람들을 치유하거나 귀신을 내쫓는 것을 멈추지 않을 것이었습니다. 그에게 중요한 것은 사람들이 치유되는 것이었지요. 그러나 어느 시점에서 야곱은 가족 구성원들 중 몇 명이 생각하고 있던 것을 분명히 말했습니다. "그는 균형을 잃었어요. 그는 어둠과 어울리고 있다구요. 많은 사람들이 그를 비판하는 상황이니 우리가 그를 구하러 가야 합니다. 그렇지 않으면 우리 가족 모두가 수치를 당하겠어요." 저 역시도 걱정했습니다. 그래서 우리는 그를 찾아갔는데, 나중에 마가가 서술한 것처럼 결과는 좋지 않았습니다.

예슈아의 가족들이, 예슈아가 미쳤다는 소문을 듣고서, 그를 붙잡으러 나섰다.

예루살렘에서 내려온 율법 학자들은, 예슈아가 바알세불이 들렸다고 하고, 또 그가 귀신의 두목의 힘을 빌어서 귀신을 쫓아낸다고도 했다.

그래서 예슈아께서 그들을 불러 놓고, 비유로 그들에게 말씀하셨다. "사탄이 어떻게 사탄을 쫓아낼 수 있겠습니까? 한 나라가 갈라져서 서로 싸우면, 그 나라는 버틸 수 없습니다. 또 한 가정이 갈라져서 싸우면, 그 가정은 버티지 못할 것입니다. 사탄이 스스로에게 반란을 일으켜서 갈라지면, 버틸 수 없고, 끝장이 납니다. 먼저 힘센 사람을 묶어 놓지 않고서는, 아무도 그 사람의 집에 들어가서 세간을 털어 갈 수 없습니다. 묶어 놓은 뒤에야, 그 집을 털어 갈 것입니다. 제가 진실로 당신들에게 말합니다. 사람들이 짓는 모든 죄와 그들이 하는 어떤 비방도 용서를 받을 것입니다. 그러나 성령을 모독하는 사람은 용서를 받지 못하고, 영원한 죄에 매입니다."

예슈아께서 이 말씀을 하신 것은, 사람들이 "그는 더러운 귀신이 들렸다" 하고 말했기 때문이다.

그때 예슈아의 어머니와 동생들이 찾아와, 바깥에 서서, 사람을 들여보내어 예슈아를 불렀다. 무리가 예슈아의 주위에 둘러앉아 있다가, 그에게 말했다. "보십시오, 선생님의 어머니와 동생들이 바깥에서 선생님을 찾고 있습니다."

예슈아께서 그들에게 대답하셨다. "누가 내 어머니이며, 내 형제들입니까?"

그리고 주위에 둘러앉은 사람들을 둘러보시고 말씀하셨다. "보세요, 내 어머니와 내 형제들입니다. 누구든지 하-님의 뜻을 행하는 사람이 곧 내 형제이고 자매이고 어머니입니다." (마가복음 3:21-35)

저에게 이 말은 마치 뺨을 맞는 것과 같았습니다. 나중에서야 그때 예슈아가 했던 말의 참된 의미가 그에게 혈육의 가족보다 중요한 것은 바로 믿음의 가족이라는 것을 깨닫게 됐습니다. 예슈아가 이 말을 통해 혈육인 우리를 부인한 게 아니라, 우리 역시 그 믿음의 가족에 초대하고자 했음은 그가 십자가에서 "여자여 보세요, 당신의 아들입니다"라고 말한 것에서 알 수 있었습니다. 그때는 하-님의 구원하시는 통치가 온다는 것을 이해하지 못했지만, 이제 우리가 예슈아가 우리 중에서 하신 일에 참여하기 위해서는 가족의 본질과 우선 순위에 대한 올바른 이해가 뒤따라야 함을 깨달았습니다. 그런데 이 교훈은 꽤 오랜 시간이 지난 뒤에야 깨달았을 정도로 우리에겐 쉽지 않은 교훈이었습니다. 또한 야곱과 다른 아이들이 그의 제자가 되기 위해서는 먼저 예슈아가 죽음에서 부활해야 했습니다. 하지만 그날 예슈아가 우리와 함께 집으로 돌아가지 않았을 때, 그가 열두 살이었을 때와는 다르게, 가슴이 내려앉는 듯한 느낌을 받았습니다. 그가 어둡고 위험한 길을 내려가는데 제가 도울 방법은 기도밖에 없다고 느꼈습니다. 그는 다시 집으로 돌아오지 않을 것이었습니다. 실은, 한 번 그런 적이 있습니다. 하지만 그날 역시 제가 방금 이야기한 날보다 잘 풀리지는 않았습니다. 마가가 이 사건도 기록했습니다. 그는 이렇게 이야기했지요.

예슈아께서 거기를 떠나서 고향에 가시니, 제자들도 따라갔다. 안식일이 되어서, 예슈아께서 회당에서 가르치기 시작하셨다. 많은 사람이 듣고, 놀라서 말했다.

"이 사람이 어디에서 이런 모든 것을 얻었을까? 이 사람에게 있는 지혜는 어떤 것일까? 그가 어떻게 그 손으로 이런 기적들을 일으킬까? 이 사람은 목수가 아닌가?[1] 미리암의 아들이고 야고보와 요셉과 유다와 시몬의 형이 아닌가? 또 그의 누이들

---

1. 헬라어 테크톤(*tekton*)은 목수를 가리키기보다 나무와 마찬가지로 돌을 다루는 숙련된 장인을 의미합니다.

은 모두 우리와 같이 여기에 살고 있지 않은가?" 그러면서 그
들은 예슈아를 달갑지 않게 여겼다.

그래서 예슈아께서 그들에게 말씀하셨다. "예언자는 자기
고향과 자기 친척과 자기 집 밖에서는, 존경을 받지 않는 법이
없습니다." 예슈아께서는 다만 몇몇 병자에게 손을 얹어서 고
쳐 주신 것 밖에는, 거기서는 아무 기적도 행하실 수 없었다. 그
리고 그들이 믿지 않는 것에 놀라셨다. (마가복음 6:1-6a; 참고, 누가
복음 4:16-30)

그는 알고 있었습니다. 고향에 왔을 때 어떻게 될지를 말
입니다. 그리고 자기 고향에서 존경받는 법이 없다는 신랄한
책망은 그의 형제와 누이들에게는 받아들이기가 어려웠습
니다. 제가, 예슈아가 우리를 부인하는 것이 아니라고 말해
도 그들은 화를 냈습니다. 하지만 그날에는 정말 그가 우리
를 버리는 것같이 느껴졌답니다. 그 사실만큼 힘들었던 것은
마을 사람들이 그를 '미리암의 아들'이라고 부른 것입니다.
이게 예의 바르고 적절한 호칭이라고 생각하실 수 있겠지만,
그렇지 않습니다. 아버지가 죽어도 아들은 여전히 '아버지의
아들'로 불립니다. 이 비꼬는 말은 예슈아의 기원이 부적절
하다는 것을 암시하고 있었습니다. 그는 겨우 '미리암의 아

들'이었고, 이것은 암묵적으로 요셉이 그의 아버지가 아니라는 것을 의미했습니다.

안 좋았던 때들을 다 말하고 있는 김에, 시므온이 오래전에 예언한 대로 제 마음에 비수가 박힌 그날에 대해 말해야겠습니다. 여기, 에베소에서 전해진 이야기는 이렇습니다.

> 그런데 예슈아의 십자가 곁에는 예슈아의 어머니와 이모와 글로바의 아내 미리암과 막달라 사람 미리암이 서 있었다. 예슈아께서는 자기 어머니와 그 곁에 서 있는 사랑하는 제자를 보시고, 어머니에게 "어머니, 이 사람이 어머니의 아들입니다" 하고 말씀하시고, 그다음에 제자에게는 "자, 이분이 네 어머니시다" 하고 말씀하셨다. 그때부터 그 제자는 그를 자기 집으로 모셨다. (요한복음 19:25-27)

열두 제자 중 한 명도 십자가 옆에 없었습니다. 모두 도망쳤지요. 예슈아의 형제들도 십자가에 없었고, 예슈아가 죽었을 때 친척을 묻는 의무도 이행하지 않았습니다. 그들은 너무나도 부끄러워했습니다. 그들은 예슈아가 온 가족에게 극도의 수치를 가져다줬다고 느꼈습니다. 저 혼자만이 그것이 사실이 아니라는 희망을 가졌습니다. 그래서 괴로운 상황에서도 끝까지 거기에 있었습니다. 저는 그때 모든 장면을 지켜봤는데, 어미가 자신의 소중한 자식이 이렇게 끔찍한 방식으로 죽는 것을 지켜보는 것은 있어서는 안 될 일이었습니다. 십자가형은 우리 시대에 가장 수치스러운 방식의 처형이 었는데, 만약에 예슈아가 하-님에 의해 의롭다고 인정받아 죽은 자 가운데서 다시 살아나지 않았다면, 그분의 명예 회복은 불가능했을 것이고 또한 우리 역시 영원히 수치 속에서 살아야 했을 것입니다. 사람들은 죽는 모습에서 그 사람의 특징이 가장 잘 드러난다고 믿었는데, 혁명가나 노예들에게나 해당되는 처형을 당하며 죽음을 맞이한 예슈아에 대해 사람들이 무슨 생각을 했을까요? 지극히 끔찍하다고 생각했을 것입니다. 심지어 우리 유대인들에겐 우리의 토라에 근거한 속담도 있습니다. "나무에 매달린 자는 저주받을지어다." 예슈아가 이렇게 죽었는데 어떻게 하-님의 축복받은 자나 기름 부음 받은 자일 수 있겠습니까? 그것은 그 당시 누구에게도 말이 되지 않았고, 저에게도 그랬습니다.

저는 그때 저를 엘르아살에게 부탁하는 예슈아의 마지막 유언을 들을 준비가 되어 있지 않았습니다. 예슈아는 곧 가족의 재결합이 있을 것이라는 사실을 알고서 제가 예루살렘 주변에 머무르기를 바랐습니다! 그는 부활하고 열한 제자에게 그들이 하-님의 영의 능력을 받을 때까지 예루살렘에 남아 있으라고 말했습니다. 그래서 저는 베다니에 남았고, 부활 이후부터 오순절 전까지 예슈아의 형제들은 물론이고 그의 제자들과 함께 다락방에서 기도하며 지냈지요(참고, 사도행전 1:14). 저는 사랑받은 제자와 함께 에베소로 가서 거기에서 남을 섬기며 남은 생애를 보냈습니다. 결국 아들을 향한 제 신뢰는 회복됐고 그에 대한 좋은 소식은 예루살렘으로부터 로마에까지 퍼져 나갔습니다. 예루살렘에서의 생활 이후에 많은 사람들에게 영적 어머니가 될 수 있었던 것에 감사함을 느낍니다. 가장 작은 자들, 마지막 된 자들, 잃어버린 자들, 다수인 자들, 처음 된 자들, 그리고 (잃어버렸다가) 발견된 자들 모두에게 구원을 전하는 데 이바지할 수 있었음을.

제19장
본디오 빌라도

나는 나의 아내의 말을 들어야 했습니다. 그녀는 그 사람에 대한 악몽을 꾸었습니다. 나는 그와 아무런 상관도 없어야 했습니다.[1] 내가 그녀의 말을 들었다면 지금처럼 비엔느로 귀양 오지 않았을 것입니다. 나는 '유대인의 왕'의 죽음으로부터 칠 년 뒤에 디베료에게 소환됐습니다. 그 이후에 있었던 사마리아인들의 폭동에 너무 가혹하게 대응했다는 이유 때문이었습니다. 물론, 어떻게 된 것이냐면, 유대인들이

---

1. 빌라도에 대한 더 많은 증거 자료를 원할 경우, Ben Witherington III, *New Testament History: A Narrative Account* (Baker, 2003)를 참고하십시오.

내가 예수아 소동을 다룬 것에 대해 황제에게 보고했고, 나중에 사마리아인들도 똑같이 보고해서, 유대 총독으로서의 내 삶은 끝이 나고 말았습니다. 하지만 지금 여러분이 사람들의 비난이나 나의 후회에 관심이 있는 것은 아닐 것입니다. 예수아의 죽음의 결정적인 원인에 대해서 공식적인 로마 문헌은 정확히 어떻게 기록하고 있는지를 알고 싶을 것입니다. 실은 실제 목격자였던 예수아의 제자들 중 하나가 에베소에서 쓴 보고는 꽤 정확해서 편의를 위해 그것을 인용합니다. 저도 나중에 사본을 하나 얻었습니다.

사람들이 가야바의 집에서 총독 관저로 예수아를 끌고 갔다. 때는 이른 아침이었다. 그들은 몸을 더럽히지 않고 유월절 음식을 먹기 위하여 관저 안에는 들어가지 않았다. 빌라도가 그들에게 나와서 "당신들은 이 사람을 무슨 일로 고발하는 거요?" 하고 물었다.

그들이 빌라도에게 대답했다. "이 사람이 악한 일을 하는 사람이 아니라면, 우리가 총독님께 넘기지 않았을 것입니다."

빌라도가 그들에게 말했다. "그를 데리고 가서, 당신들의 법대로 재판하시오."

유대 사람들이 "우리는 사람을 죽일 권한이 없습니다" 하고 대답했다. 이렇게 하여, 예슈아께서 자기가 어떠한 죽음으로 죽을 것인가를 암시하여 주신 말씀이 이루어졌다.

빌라도가 다시 관저 안으로 들어가, 예슈아를 불러내서 물었다. "당신이 유대 사람들의 왕이오?"

예슈아께서 대답하셨다. "당신이 하는 그 말은 당신의 생각에서 나온 말인가요? 그렇지 않으면, 나에 관하여 다른 사람들이 말하여 준 것인가요?"

빌라도가 말했다. "내가 유대 사람이란 말이오? 당신의 동족과 대제사장들이 당신을 나에게 넘겨주었소. 당신은 무슨 일을 했소?"

예슈아께서 대답하셨다. "내 나라는 이 세상에 속한 것이 아닙니다. 나의 나라가 세상에 속한 것이라면, 나의 부하들이 싸워서, 나를 유대 사람들의 손에 넘어가지 않게 했을 것입니다. 그러나 사실 내 나라는 이 세상에 속한 것이 아닙니다."

빌라도가 예슈아께 물었다. "그러면 당신은 왕이오?"

예슈아께서 대답하셨다. "당신이 말한 대로 나는 왕입니다. 나는 진리를 증언하기 위하여 태어났으며, 진리를 증언하기 위하여 세상에 왔습니다. 진리에 속한 사람은, 누구나 내가 하는 말을 듣습니다."

빌라도가 예슈아께 "진리가 무엇이오?" 하고 물었다. 빌라도는 이 말을 하고, 다시 유대 사람들에게로 나아와서 말했다. "나는 그에게서 아무 죄도 찾지 못했소. 유월절에는 내가 여러분에게 죄수 한 사람을 놓아주는 관례가 있소. 그러니 유대 사람들의 왕을 놓아주는 것이 어떻겠소?"

그들은 다시 큰 소리로 "그 사람이 아니오. 바라바를 놓아주시오" 하고 외쳤다. 바라바는 강도였다.

그때 빌라도는 예슈아를 데려다가 채찍으로 쳤다. 병정들은 가시나무로 왕관을 엮어서 예슈아의 머리에 씌우고, 자색 옷을 입힌 뒤에, 예슈아 앞으로 나와서 "유대인의 왕 만세!" 하고 소리치고, 손바닥으로 얼굴을 때렸다.

그때 빌라도가 다시 바깥으로 나와서, 유대 사람들에게 말했다. "보시오, 내가 그 사람을 당신들 앞에 데려 오겠소. 나는 그에게서 아무 죄도 찾지 못했소. 나는 당신들이 그것을 알아주기를 바라오."

예슈아가 가시관을 쓰시고, 자색 옷을 입으신 채로 나오시니, 빌라도가 그들에게 "보시오, 이 사람이오" 하고 말했다.

대제사장들과 경비병들이 예슈아를 보고 외쳤다. "십자가에 못 박으시오. 십자가에 못 박으시오."

그러자 빌라도는 그들에게 "당신들이 이 사람을 데려다가 십자가에 못 박으시오. 나는 이 사람에게서 아무 죄도 찾지 못했소” 하고 말했다.

유대 사람들이 그에게 대답했다. “우리에게는 율법이 있는데 그 율법을 따르면 그는 마땅히 죽어야 합니다. 그가 자기를 가리켜서 하-님의 아들이라고 했기 때문입니다.”

빌라도는 이 말을 듣고, 더욱 두려워서 다시 관저 안으로 들어가서 예슈아께 물었다. “당신은 어디서 왔소?” 예슈아께서는 그에게 아무 대답도 하지 않으셨다.

그래서 빌라도가 예슈아께 말했다. “나에게 말을 하지 않을 작정이오? 나에게는 당신을 놓아줄 권한도 있고, 십자가에 처형할 권한도 있다는 것을 모르시오?”

예슈아께서 대답하셨다. “위에서 주지 않으셨더라면, 당신에게는 나를 어찌할 아무런 권한도 없을 것입니다. 그러므로 나를 당신에게 넘겨준 사람의 죄는 더 크다 할 것입니다.”

이 말을 듣고서, 빌라도는 예슈아를 놓아주려고 힘썼다. 그러나 유대 사람들은 “이 사람을 놓아주면, 총독님은 황제 폐하의 충신이 아닙니다. 자기를 가리켜서 왕이라고 하는 사람은, 누구나 황제 폐하를 반역하는 자입니다” 하고 외쳤다.

빌라도는 이 말을 듣고, 예슈아를 데리고 나와서, 리토스트론이라고 부르는 재판석에 앉았다. (리토스트론은 아람어로 가바다인데, ‘돌을 박은 자리’라는 뜻이다.) 그날은 유월절 준비일이고, 때는 낮 열두 시쯤이었다.

빌라도가 유대 사람들에게 말했다. "보시오, 당신들의 왕이오."

그들이 외쳤다. "없애 버리시오! 없애 버리시오! 그를 십자가에 못 박으시오!"

빌라도가 그들에게 말했다. "당신들의 왕을 십자가에 못 박으란 말이오?"

대제사장들이 대답했다. "우리에게는 황제 폐하 밖에는 왕이 없습니다."

이리하여 이제 빌라도는 예슈아를 십자가에 처형하라고 그들에게 넘겨주었다. (요한복음 18:28-19:16)

이것은 실제 사건에 대한 놀랍도록 공정한 기록입니다. 오해하지 마셔야 할 것은, 난 유대인들을 좋아하지 않으며, 특히 나를 조종하려는 교활한 유대 관리들은 더욱 싫어했다는 사실입니다. 그들이 단순히 예슈아를 자신들의 권력과 권위에 대한 위협이 되는 존재로 여겨 그를 제거하고 싶어한다고 여겨졌기 때문에, 나는 그들이 원하는 것을 주지 **않기** 위해 최선을 다하기로 결심했습니다. 그러나 재판 과정이 길어질수록 예슈아가 실제로 열심당원이자 반동분자였던 바라바보다 더 위험할 수도 있다는 두려움이 커졌습니다.

이 사건을 제대로 이해하기 위해서는 유대와 로마 법에 대해서 알아야만 합니다. 예슈아는 유대 법이 아닌 로마 법으로 심판을 받았습니다. 우리는 유대인들에게 사형 선고 및 집행 권한을 허용하지 않았습니다. 유대가 이제 로마의 속주가 되었기 때문에 그 권리는 로마만 가질 수 있었습니다. '극형'인 십자가형에 처해질 수 있는 범죄는 사실상 두 가지뿐이었습니다. 하나는 노예가 폭동을 일으키거나 도주한 경우인데, 그래서 십자가형은 노예의 벌이라고 불렸지요. 다른 하나는 **마제스타티스**(majestatis), 즉 반역입니다. 로마 총독 또는 로마가 임명하고 인정한 분봉왕이 아니면서 로마 땅에서 지도자임을 자처하는 자는 반역죄에 해당됐습니다. 예슈아가 실제로 그런 주장을 했나요? 그가 유대에 대한 통치권을 주장하면서 황제의 권리와 제 역할을 빼앗으려고 했을까요? 나는 그렇게 생각하지 않았습니다. 나중에 그가 실은 갈릴리 출신이라는 말을 들었을 때, 저는 명절을 쇠려고 예루살렘을 방문한 헤롯 안디바에게 그를 보냈습니다. 하지만 헤롯은 아무 조치도 하지 않고 그를 내게 다시 되돌려 보냈습니다!

예슈아는 신비로운 인물이었습니다. 한편으로는 그는 나에게 "당신이 하는 그 말은 당신의 생각에서 나온 말입니까?

아니면, 나에 관하여 다른 사람들이 말하여 준 것입니까?"와 같은 질문들을 했습니다. 그리고 "내 나라는 이 세상에 속한 것이 아닙니다"와 같은 알아들을 수 없는 말을 했습니다. 그래서 그저 채찍질을 하고 놓아주려고 했는데 유대 지도자들에게 선동된 군중은 이에 만족하지 않았습니다. 나는 진짜 범죄자인 바라바 같은 사람을 놓아줄 마음이 없었지만 "이 사람을 놓아주면, 총독님은 황제 폐하의 충신이 아닙니다"와 같은 꽤나 위협적인 말을 들었을 때 저는 심한 압박을 느꼈습니다. 누군가가 **아미쿠스 카이사리스**(*amicus Caesaris*)라는 말을 했을 때 그것이 나에게 어떤 의미를 갖고 있는지 알고 있었습니다. '황제 폐하의 친구'라는 말은 황제의 편에 서 있고 황제의 줄을 타서 앞길이 유망하고 더 좋은 지역으로 승진할 수 있는 가능성을 뜻했습니다. 하지만 백성들로부터 지속적인 민원이 들어오면 그 내용은 카프리에 있는 디베료 황제에게 보내졌는데 그렇게 되면 우리 로마인들이 **쿠르수스 호노룸**(*cursus honorum*)이라고 하는 성공의 계단을 오르는 것과는 영영 이별을 고해야 했습니다. 결국은 정확히 그렇게 되고 말았습니다. 나는 이후에 그 저주받을 사마리아인들과 관련된 일로 디베료에 의해 귀양을 가게 됐습니다. 이날까지 난 예슈아가 나를 갖고 논 것이었는지, 아니면 정말로 어떤 왕 같은 주장을 하는 것이었는지 잘 모르겠습니다.

결국 내 뜻을 굽히고 예슈아를 처형하도록 넘겼지만, 죄목을 나타내는 십자가 위에 달린 표지판 **티툴루스**(*titulus*)에 대해서만큼은 단호했습니다. 나는 그것이 '나사렛의 예슈아, 유대인의 왕'이라고 쓰여 있기를 고집했는데, 왜냐하면 나는 유대 관리들이 그것을 보고 이를 갈 것임을 분명히 알고 있었기 때문입니다. 이 골치 아픈 일련의 사건들 속에서 그나마 나로 하여금 미소 짓게 만든 것은 오직 그것뿐이었습니다. 나는 이 문제에 관해 손을 씻었지만, 그것이 여전히 내 마음을 괴롭힙니다.

역사는 뜻밖일 때가 많습니다. 이제 갈리아에서 귀양살이를 하는 나에겐 미래가 없습니다. 내가 여기 있는 동안 예슈아의 추종자들이 그를 황제의 경쟁자이자 모든 인류의 구원자로 선포하는 말들이 곳곳으로 퍼져 나가고 있다는 소식을 듣고 있습니다. 그는 점점 더 커지고 있고, 그에 반해 나는 점점 더 작아지는 듯하군요. 운명의 장난은 신기합니다.

제20장
요한 마가의 어머니

저는 아들인 요한 마가와 함께 예루살렘에 살았습니다. 예슈아의 사역 기간에 제 아들은 아직 젊은 십대였습니다. 그가 감람산에서 겉옷을 버려 두고 도망간 청년인 것은 사실이지만 그때 그는 아직 그의 제자가 아니었습니다. 예슈아가 성전 지도자들과 그들과 함께 일하는 로마인들에게 잡혔을 때 그는 거기 있었습니다. 우리 둘 다 예슈아가 부활하셔서 우리 친구인 베드로와 요한을 포함한 많은 사람들에게 보이신 후에 제자가 됐습니다. 우리는 그 도를 따르는 예루살렘 공동체의 일원이 됐고 다른 예슈아의 제자들을 성전 구역인 솔로몬 행각에서 만나거나 제 집을 포함한 여러 집에서 만났습니다. 예슈아의 가장 오래된 제자들이 안전하게 만날 수 있는 장소 중 하나를 제공할 수 있어서 영광이었습니다. 제 남편은 어느 정도 재산을 가진 사람이었고 마가와 저에게 집을 남겨주었습니다. 우리 집에서 있었던 여러 만남들에 대해 하고 싶은 말은 많지만 단 하나의 이야기밖에 할 시간이 없을 것 같습니다. 뒤돌아보면 상당히 우스운 이야기입니다. 나중에 누가가 전한 이야기가 여기 있습니다.

이 무렵에 헤롯 왕이 손을 뻗쳐서, 교회에 속한 몇몇 사람을 해했다. 그는 먼저 요한과 형제간인 야곱을 칼로 죽였다. 헤롯은 유대 사람들이 이 일을 기뻐하는 것을 보고, 이제는 베드로까지 잡으려고 했다. 때는 무교절 기간이었다. 그는 베드로도 잡아서 감옥에 가두고, 네 명으로 짠 경비병 네 패에게 맡겨서 지키게 했다. 유월절이 지나면, 백성들 앞에 그를 끌어낼 속셈이었다.

이렇게 되어서, 베드로가 감옥에 갇혔고, 교회는 그를 위하여 하-님께 간절히 기도했다.

헤롯이 베드로를 백성들 앞에 끌어내기로 한 그 전날 밤이었다. 베드로는 두 쇠사슬에 묶여, 군인 두 사람 틈에서 잠들어 있었고, 문 앞에는 파수꾼들이 감옥을 지키고 있었다. 그런데 갑자기 주님의 천사가 나타나고, 감옥에 빛이 환히 비치었다.

천사가 베드로의 옆구리를 쳐서 깨우고 말하기를 "빨리 일어서라" 했다. 그러자 쇠사슬이 그의 두 손목에서 풀렸다.

천사가 베드로에게 "띠를 띠고, 신을 신어라" 하고 말하니, 베드로가 그대로 했다. 또 천사가 그에게 "겉옷을 두르고, 나를 따라오너라" 하니, 베드로가 감옥에서 나와서, 천사를 따라갔다. 베드로는 천사가 하는 일이 참인 줄 모르고 자기가 환상을 보고 있는 것이라고 생각했다. 그들이 첫째 초소와 둘째 초소를 지나서 시내로 통하는 철문에 이르니, 문이 저절로 열렸다. 그래서 그들은 바깥으로 나와서 거리를 하나 지났다. 그때 갑자기 천사가 떠나갔다.

그때에야 베드로가 정신이 나서 말했다. "이제야 참으로 알겠다. 주님께서 주님의 천사를 보내셔서, 헤롯의 손에서, 그리고 유대 백성이 꾸민 모든 음모에서, 나를 건져 주셨다."

이런 사실을 깨닫고서, 베드로는, 마가라고도 하는 요한의 어머니 미리암의 집으로 갔다. 거기에는 많은 사람이 모여서 기도하고 있었다. 베드로가 대문을 두드리니, 로데라는 어린 여종이 맞으러 나왔다. 그 여종은 베드로의 목소리를 알아듣고 너무 기뻐서 문을 열지도 않고 도로 달려들어가서, "대문 앞에 베드로가 서 있어요!"하고 알렸다.

사람들이 여종에게 "네가 미쳤구나" 하고 말하자 여종은 참말이라고 우겼다. 그러자 그들은 "베드로의 천사일거야" 하고 말했다.

그동안에 베드로가 줄곧 문을 두드리니, 사람들이 문을 열어서 베드로를 보고, 깜짝 놀랐다. 베드로는 손을 흔들어서 그들을 조용하게 하고, 주님께서 자기를 감옥에서 인도하여 내신 일을 이야기했다. 그리고 그는 "이 사실을 야곱과 다른 형제와 자매들에게 알려주세요" 하고 말하고는, 거기에서 떠나 다른 곳으로 갔다.

날이 새니, 군인들 사이에서는 베드로가 없어진 일로 작지 않은 소동이 일어났다. 헤롯은 샅샅이 찾아보았으나 베드로를 찾지 못하고, 경비병들을 문초한 뒤에 명령을 내려서 그들을 사형에 처했다. (사도행전 12:1-19a)

베드로가 문을 계속 두드렸는데도 불구하고 아무도 그를 들여보내주지 않았고, 애꿎은 로데만 귀신을 봤다고 비난받는 모습이 웃음을 자아냅니다. 또한 베드로가 잠에서 깬 지 얼마 되지 않아 눈을 껌벅거리면서 자신이 보고 있는 것은 실제가 아니라 천사의 환상이라고 생각하는 점도 우습기는 마찬가지입니다. 어쨌든, 마침내 우리는 누군가가 문을 두드리고 있는 것이라고 깨달았고, 베드로는 드디어 안으로 들어

올 수 있었습니다. 사실, 이것은 누가의 기록에서 1세기 중반 쯤에 있었던 예루살렘 공회를 제외하고는 베드로가 예루살 렘에 있었던 마지막 일이었습니다. 방금 전한 이야기는 전적 으로 사실이며, 헤롯 아그립바가 권력을 휘두르고, 예슈아의 제자들을 박해함으로써 더 많은 명예와 지위를 얻으려고 했 던 격동의 시기인 예슈아의 사후 10년쯤에 일어났습니다. 물 론, 결국 누가의 이야기가 이어서 전한 것처럼 하-님이 그에 대한 책임을 물으셨습니다.

이 이야기에 대해 몇 가지 더 중요한 사실들이 언급되어 야 합니다. 우리는 박해에도 불구하고 계속해서 예루살렘에 머물며 증언을 했습니다. 우리는 그 어두운 날들에도 주님이 우리와 함께 계신다고 믿었습니다. 둘째로, 이 시기에는 베 드로가 여행하며 유대인을 전도하기 시작하고, 지도자 무리 에 속한 세베대의 아들 야곱이 순교한 이후 예슈아의 형제인 야곱이 이제 예루살렘 교회의 수장이 됐다는 것을 기억해야 합니다. 우리는 예슈아의 약속으로부터 그분의 회중, 그분의 공동체가 사라지지 않을 것임을 알고 있었습니다. 그러나 예 루살렘에서 핍박 없이 증언을 하기가 점점 더 어려워졌습니 다. 저는 그저 제가 함께 예배하고, 기도하며, 울고, 배우며, 함께 식사했던 가정 모임에서 집주인으로서의 역할을 맡을 수 있었던 것에 감사했습니다.

제21장
백부장

제 이름은 가이우스 율리우스 아프리카누스입니다. 저는 '철갑'이라고 불리는 황제의 6번 **레기오**(*Legio*)인, 페라타 부대에서 복무하고 있습니다. 우리에겐 길고 화려한 역사가 있지요. 제 부대가 해변가의 가이사랴에 수로를 건설하는 데 일조해서 북쪽의 언덕들로부터 담수를 끌어올 수 있었습니다. 그곳에 있는 **히포드롬**(로마식 전차 경기장—옮긴이)도 지었습니다. 우리 부대는 먼저는 이곳에서 헤롯 대왕의 권력 유지에 힘썼고, 그 후에는 아겔라오 시대부터 유대가 로마의 새로운 지방이 되자 이곳의 로마 총독 밑에서 복무했습니다. 아겔라오는 헤롯의 불운한 아들로, 유대와 같은 작은 영토조차 다스리지 못했습니다. 율리우스 카이사르 아래에서 복무했던 제 아버지라면 그걸 비웃었을 것입니다. 유대인들이 호전적이기는 하지만 그들이 갈리아인들이나 한니발의 민족과 비교될 순 없을 것입니다.

백부장으로서 우리에게는 많은 임무가 있지만, 이 시점에 우리의 주요 임무는 평화 유지입니다. 즉, 유대인과 사마리아인 사이, 또는 외국인과 유대인 사이의 다툼을 중지시키고, 예루살렘에서 열리는 수많은 유대인 종교 축제 동안 질서를 유지하며, 세금이나 다른 것들에 대한 불만으로 발생한 폭동이나 반란을 진압하고, 세금을 징수하며 새로운 인구조사가 필요할 때 감독하는 것입니다. 전반적으로 나쁘지 않은 직업이며, 확실히 지루하지는 않지만, 솔직히 말해서 저는 이 일에 지쳤고 곧 은퇴할 계획입니다. 저는 가이사랴에 있는 총독 관저 근처에 토지 일부를 부여받았는데, 그곳은 해변이 보이는 멋진 부지입니다. 이보다 훨씬 못한 팔자들도 많은데, 제 아들 고넬료가 그렇습니다. 그는 제가 복무했던 군단에서 지난 4년 동안 복무했습니다. 저는 그를 매우 자랑스럽게 생각합니다. 하지만 그의 군복무에 대한 열정은 지금의 제 식은 열정보다도 더 적고, 저는 그 이유가 그가 유대 종교에 현혹됐기 때문이라고 생각합니다.

　　처음에 저는 유대교의 유일신 사상을 비웃었지만, 그것이 종교적인 의무를 훨씬 간소하게 만들어 준다는 것은 인정합니다. 누가 당신을 심판하거나 이익과 축복을 가져다주는지 알 수 있습니다. 그것을 알아내기 위해 추측하거나 신탁을 내리는 자를 찾아갈 필요가 없습니다. 최근에 고넬료는 예슈아라는 예언자의 추종자들과 연락하며 지내고 있는데, 특히 '바위'라는 별명을 가진 사람과 연락하고 있다는 사실에 저는 크게 놀랐습니다. 저도 그를 만나서 그가 어떤 사람인지 확인하고 싶습니다. 고넬료는 제가 예루살렘 성벽 밖에서 예슈아가 죽는 것을 지켜본 백부장 중 하나이자 주사위 던지기에서 금성을 던져, 통으로 짠 그의 옷을 가진 사람이라는 것을 잘 알고 있는 자이기도 합니다. 그것은 아름다운 옷이어서 저는 여전히 그것을 가지고 있습니다. 고넬료가 예슈아의 추종자가 되기로 마음먹은 것 같은데 그걸 고넬료에게 주면 좋을 것 같습니다. 그런데 정말 이상한 게 하나 있습니다. 보통 혁명가나 선동가가 십자가에서 못 박혀 죽게 되면 그 후에는 그를 따르던 자들이 뿔뿔이 흩어지거든요. 하지만 이 사람은 달랐습니다. 이상하게 달랐는데, 그 이유를 정확히 알기는 어렵습니다. 시간이 좀 있으시니 10년도 더 된 그 유월절에 예루살렘에서 있었던 일에 대해 이야기해 드리겠습니다.

우선 아셔야 할 것은, 유월절이 가장 큰 축제라는 것입니다. 제 짐작으로 때로는 50만 명이, 보통 그것의 10분의 1 정도가 사는 도시에 몰려옵니다. 따라서 예루살렘에서 소요 사태가 발생할 것을 우려하는 군단의 근위대장은 신속히 예루살렘으로 내려가 직접 현장을 통제합니다. 본디오 빌라도 역시 이런 상황에서 문제가 발생하는 것을 결코 원하지 않았기에 소요 사태 발생 시 그것을 신속하게 진압하기를 원했습니다. 매우 거칠고 심지어 잔인하기까지 했던 빌라도는 유대인들을 경멸했습니다. 따라서 저는 그가 이곳에서 일하기에는 적합하지 않은 사람이라고 생각하는데, 그건 비밀로 해 주세요.

보통 축제 기간에는 재판이나 처형을 하려고 하지 않는데, 왜냐하면 말 그대로 종교 축제의 시간이고, 군중을 자극할 만한 그 어떤 실수도 없어야 하기 때문입니다. 로마 관리들뿐만 아니라 심지어 유대 지도자들도 유월절이라고 불리는 기간에는 그런 일이 일어나지 않기를 바랍니다. 이 축제 기간 중 유대인들은 곤충과 개구리 그리고 피의 재앙을 통해 애굽에서 해방됐다고 주장하는데 제가 보기에는 참 이상합니다. 어쨌든, 이번 유월절에는 예슈아와 그의 무리들이 도시로 오고 있다는 소문이 돌았기 때문에 우리는 경계 태세에 있었습니다. 그리고 소문대로 그가 도시로 들어왔는데, 왕처럼 나귀를 타고 들어오는 그의 모습과 함께 큰 찬양 소리가 대로를 따라 욥바 문까지 울려 퍼졌습니다. 그런데 그가 성전에 들어가서 책상과 가축 우리를 뒤집어엎음으로써 제사용 동물을 파는 장사꾼들과 환전상들을 엄청나게 분노하게 만들었습니다. 이처럼 상황이 험악하게 되자, 그 주 후반에 대제사장 가야바로부터 부대를 동원하여 그 사람을 체포해 달라는 요청을 들었을 때 하나도 놀랍지 않았습니다. 그는 정말 스스로 위험을 자초했거든요.

저는 그 사건의 현장에 있었는데, 참 이상했다라고밖에 표현할 방법이 없네요. 예슈아에게는 단검을 든 딱 두 명의 제자가 있었는데 그것으로는 우리와 싸워서 이길 확률이 없었습니다. 그런데 바위라고 불리는 그 사람이 대제사장의 종의 귀를 베었습니다. 그때 저는 그 자리에 있었는데, 참으로 이상하게도 예슈아는 그 귀를 땅에서 집어 올려 귀가 있던 자리에 갖다 붙였고 결국 그 종의 귀는 완벽하게 회복됐습니다! 그걸 보고 저와 부하들은 겁을 먹었습니다. 살면서 그런 것은 한 번도 본 적이 없었거든요.

우리는 예슈아를 가야바의 집으로 데리고 갔고 우리의

의무는 끝났다고 생각했습니다. 그런데 군인의 의무는 그것으로 끝나지 않는다는 것을 알았어야 했습니다. 다음 날 아침, 헤롯의 궁전에서 가까운, 돌을 깐 뜰에서 있었던 재판 후에 빌라도가 우리를 불러서 예슈아를 데리고 가 처형하라고 했습니다. 당시 그는 처참한 상태였습니다. 죽을 정도는 아니었지만 그는 채찍에 많이 맞았고, 이미 온몸에 깊은 상처가 가득해서 사형장까지 자신의 십자가를 지고 갈 수 없었습니다. 그래서 우리는 구레네에서 온 한 남자로 하여금 십자가를 처형장까지 짊어지고 가게 했습니다.

골고다의 사형장으로 가는 길에 예슈아의 목에 일시적으로 걸려있던 패를 봤는데, '나사렛의 예슈아, 유대인의 왕'이라고 라틴어, 헬라어, 그리고 제가 읽지 못하는 어떤 유대 언어로 쓰여 있었습니다. 그게 제 눈에는 슬픈 패러디이거나, 최소한 '이 사람이 주장하기를 …'이라고 쓰여 있기를 원했던 대제사장을 골탕 먹이려는 것으로 보였습니다. 빌라도는 완고해서 자신이 쓴 것을 바꾸지 않겠다고 했습니다. 그는 이를 악물고 대제사장이 원하는 모든 것을 주지 않으려고 단단히 결심한 것 같았습니다. 나중에 빌라도가 불안해 보이는 것을 알아채긴 했는데, 유대 지도자들이 그렇듯 그도 이 모든 것이 빨리 끝나기를 바랐습니다.

마침내 우리는 골고다에 도착해서 예슈아의 손과 발을 십자가 기둥에 못 박았습니다. 그리고 밧줄과 도르래를 이용하여 십자가를 들어 올렸는데, 그는 빌라도가 감금했던 두 혁명가 사이에 세워졌습니다. 고넬료는 예슈아의 어느 추종자가 쓴 이 모든 일에 대한 기록을 구했는데 상당히 정확해서 제가 그걸 읽어드리겠습니다.

그들이 예슈아를 끌고 가다가, 들에서 오고 있던 시몬이라는 한 구레네 사람을 붙들어서, 그에게 십자가를 지우고, 예슈아의 뒤를 따라가게 했다. 백성들과 여자들이 큰 무리를 이루어서 예슈아를 따라가고 있었는데, 여자들은 예슈아를 생각하여 가슴을 치며 통곡했다. 예슈아께서 여자들을 돌아다보시고 말씀하셨다. "예루살렘의 딸들이여, 저를 두고 울지 말고, 당신과 당신들의 자녀를 두고 우십시오. 보세요, '아이를 배지 못하는 여자와, 아이를 낳아 보지 못한 태와, 젖을 먹여 보지 못한 가슴이 복되다' 하고 사람들이 말할 날이 올 것입니다.

　　그때, 사람들이 산에다 대고 '우리 위에 무너져 내려라'라고 말했습니다.

　　언덕에다 대고 '우리를 덮어 버려라' 하고 말할 것입니다.

　　나무가 푸른 계절에도 사람들이 이렇게 하는데, 하물며 나무가 마른 계절에야 무슨 일이 벌어지겠습니까?"

다른 죄수 두 사람도 예슈아와 함께 처형장으로 끌려갔다. 그들은 해골이라 하는 곳에 이르러서, 거기서 예슈아를 십자가에 달고 그 죄수들도 그렇게 했는데, 한 사람은 그의 오른쪽에, 한 사람은 그의 왼쪽에 달았다. 그때 예슈아께서 말씀하셨다. "아버지, 저 사람들을 용서하여 주십시오. 저 사람들은 자기네가 무슨 일을 하는지를 알지 못합니다." 그들은 제비를 뽑아서, 예슈아의 옷을 나누어 가졌다.

백성은 서서 바라보고 있었고, 지도자들은 비웃으며 말했다. "이자가 남을 구원했으니, 정말 그가 하-님의 선택받은 자 메시아라면, 자기나 구원하라지."

병정들도 예슈아를 조롱했는데, 그들은 가까이 가서 그에게 신 포도주를 들이대면서 말했다. "네가 유대인의 왕이라면, 너나 구원하여 보아라."

예슈아의 머리 위에는 '이는 유대인의 왕이다' 이렇게 쓴 죄패가 붙어 있었다.

예슈아와 함께 달려 있는 죄수 가운데 하나도 그를 모독하며 말했다. "너는 메시아가 아니냐? 너와 우리를 구원하여라."

그러나 다른 하나는 그를 꾸짖으며 말했다. "똑같은 처형을 받고 있는 주제에, 너는 하-님이 두렵지도 않으냐? 우리야 우리가 저지른 일 때문에 그에 마땅한 벌을 받고 있으니 당연하지만, 이분은 아무것도 잘못한 일이 없다."

그러고 나서 그는 예슈아께 말했다. "예슈아님, 당신이 당신의 나라에 들어가실 때에, 나를 기억해 주십시오."

예슈아께서 그에게 말씀하셨다. "내가 진실로 당신에게 말합니다. 당신은 오늘 나와 함께 낙원에 있을 것입니다."

어느덧 낮 열두 시쯤 됐는데, 어둠이 온 땅을 덮어서, 오후 세 시까지 계속됐다. 해는 빛을 잃고, 성전의 휘장은 한가운데가 찢어졌다. 예슈아께서 큰 소리로 부르짖어 말씀하셨다. "아버지, 내 영혼을 아버지 손에 맡깁니다." 이 말씀을 하시고, 그는 숨을 거두셨다.

그런데 백부장은 그 일어난 일을 보고, 하-님께 영광을 돌리며 말했다. "이 사람은 참으로 의로운 사람이었다." 구경하러 모여든 무리도 그 일어난 일을 보고, 모두 가슴을 치면서 돌아갔다. 예슈아를 아는 사람들과 갈릴리에서부터 예슈아를 따라다닌 여자들은, 다 멀찍이 서서 이 일을 지켜보았다. (누가복음 23:26-49)

예, 제가 바로 이 끝에 감탄하며 말한 사람입니다. 예슈아의 죽음은 일반적으로 어떤 신을 저주하고 그들을 처형한 사

람들에게 고함을 지르며 정신없이 지껄이는 죄수들의 죽음
과는 너무나도 달랐습니다. 저는 자기를 처형하는 사람을 용
서하고 신들에게 그들의 죄를 용서해 달라고 부탁하는 것을
들어본 적이 없습니다! 단 한 번도요. 십자가에서 죽어가는
죄수에게 '낙원'(제가 생각하기엔 **엘리시움**[*Elysium*]을' 말하는 것 같습
니다)을 준다고 하는 것도 들어본 적이 없습니다. 이 죽음이
독특한 부분은 여러 가지가 있었습니다. 네, 그는 한때 그가
하-님에게 버려졌다고 말하기도 했지만 그건 정상입니다. 정
상이 아닌 것은 십자가 죽음 후에 **엘리시움**이나 낙원에 간다
고 하는 것이지요! 그가 십자가에서 하는 모든 말을 듣고, 그
가 그를 모욕하고 때린 자들을 대하는 것을 보고, 저는 그에
게 뭔가 특별한 것이 있다는 결론을 내렸습니다. 그는 의로
운 사람이거나 아니면 신들의 아들이어야 합니다. 왜냐하면
단지 죄지은 인간에 불과한 자는 저렇게 죽지 않기 때문입니
다. 그들의 영혼을 신에게 의탁하면서 죽지 않습니다. 형틀
에서 죽어가는 죄수들은 보통 신을 저주하거나 아니면 자신
의 운명이 신에게 저주받아 파멸되는 것이라고 말합니다. 하
지만 이 남자는 그러지 않았습니다. 그는 보통의 죄수들과는

---

1.   엘리시움은 로마인들이 말하는 바 복받은 소수를 위한 좋은 사후 세
      계였습니다.

달랐고, 그래서 저는 그에게서 숭고한 무언가를, 어떤 의로 움과 다정함과 용서함을 보았습니다. 그래서 제가 그렇게 말 한 것입니다. 그는 의로운 사람이라고.

　나중에, 저는 무덤 경비를 위한 보초를 서지 않았지만 제 부대의 일부는 그 임무를 맡았습니다. 기이한 상황에 대해서 들었는데 경비병들이 계속 그곳에 있었음에도 불구하고 무 덤이 비어 있게 됐다는 것입니다. 무덤 앞에 커다란 돌이 굴 려져 있었는데 그런 일이 도대체 어떻게 일어났는지는 여전 히 미스터리입니다. 그러나 제 아들 고넬료는 그가 무덤에서 해방된 것이 어떤 신적 존재(아마 천사의 행동이었을 수 있습니다) 를 통해 일어났다고 말합니다. 요는 그가 죽은 자들 가운데 서 부활했다는 것입니다. 저로서는 그것을 받아들이기가 어 렵습니다. 우리 로마인들은 일부 유대인들이 주장하는 것과 같은 특정한 형태의 사후세계를 믿지 않습니다. 우리는 영혼 의 불멸을 믿기 때문에, 그의 영혼이 하데스(Hades)에서 구출 됐다는 개념이면 받아들일 수 있습니다. 그렇다면, 그의 몸 은 어디로 간 걸까요? 신이 되어 신들의 영역으로 올라갔나 요? 그에 대해 그런 이야기도 있었습니다. 고넬료에 의하면 두 가지 일이 모두 일어났다고 합니다. 예슈아는 육체로 살 아난 후에 하늘로 올라갔습니다. 도무지 이해가 안 됩니다.

아니, 죽은 후에 왜 몸이 필요할까요? 어쨌든 언젠가는 이 신비에 대한 답을 더 얻을 수 있기를 바랍니다.

내일 저는 무슨 종교적인 물 의식에 초대받았는데, 알고 보니 제 아들이 그 바위라는 별명을 가진 사람에게 세례를 받는다고 합니다. 그래서 그때 그에게 몇 가지 질문을 하려고 합니다. 그리고 예슈아를 향한 새 헌신을 다짐하는 자리에 걸맞게 제가 골고다에서 취했던 예슈아의 옷을 제 아들에게 선물로 주려고 합니다. 그건 선물로서 적합할 것 같아요. 적어도 저에게는 그것이 실제로 필요하지도 않고 쓸모도 없기 때문입니다.

게다가 2주 후면 제가 퇴역을 하기 때문에 물품 정리 차원에서도 그 옷을 그에게 주는 것은 적합해 보입니다. 저는 젊은이들에게나 적합한 군인이라는 직업에 이 늦은 나이까지 있었는데, 이제는 그다음 단계로 넘어갈 때인 것 같습니다. 제가 예슈아가 죽는 것을 보았을 때, 그런 숭고한 영혼을 만날 수 있었음에 작은 감사의 기도를 드렸습니다. 곧 그를 더 잘 이해하게 될지도 모릅니다. 험난한 세월을 지내온 늙은 군인도 때로는 신의 도움이 필요하답니다.

제22장
요안나

저에 대한 이야기를 아실 거라고 생각하지만 아마 전부는 아닐 것입니다. 맞습니다. 저는 갈릴리에서 예슈아의 초기 제자들 중 하나였습니다. 저는 높은 신분으로 태어난 여자였고 고위직인 헤롯 안디바의 재산 관리인이 된 구사와 결혼했습니다. 저는 가끔 남편과 함께 여행을 다녔고 그 여행 중에 처음 예슈아를 만나게 됐습니다. 그는 땅에서 몸부림치며 입에 거품을 물고 있는 여성으로부터 귀신을 쫓아내고 있었습니다. 그 극적인 장면을 절대 잊지 못할 것입니다. 그 여자가 땀에 젖은 채 바른 정신으로 바로 앉아서 예슈아께 물을 달라고 했을 때, 저는 제가 특별한 분이 제공해 주는 안전 지대에 있다는 것을 알았습니다.

구사의 반대에도 불구하고 저는 예슈아를 따라다니는 제자들 중에 하나가 됐습니다. 그는 제가 예슈아를 따라가는 것이 자신의 직업을 위태롭게 할 수도 있었기에 저더러 그를 따라가지 말라고 경고했습니다. 한번은 그가 자신의 직업을 유지하기 위해서 저와 이혼해야 할 수도 있다고 경고했는데, 그럼에도 불구하고 제가 계속 예슈아를 따라다니자 결국 그는 저에게 이혼증서를 내주었습니다. 이때는 세례자 요한이 참수당한 직후였고 헤롯은 예슈아가 죽음에서 살아나 자신을 괴롭히는 요한이라는 사실에 불안해했습니다. 그는 구사에게 예슈아를 지지하는 아내를 내쫓지 않으면 수입원 없이 길거리에 내몰리게 될 것이라는 최후통첩을 보냈습니다. 그리고 그는 직업을 선택했습니다.

예, 저는 소위 예슈아의 후원자들 중 하나여서 그들이 이동할 때 식량을 제공하고 여행 경비를 대주고 있었습니다. 저는 구사와 결혼할 때 상당한 양의 지참금을 갖고 있었으며, 이혼 후에도 그 지참금을 간직했습니다. 예슈아의 제자들이 갈릴리와 유대 마을에서 당시 일반적이었던 환대를 받을 수 없는 상황에서는 저의 재산이 그들에게 큰 도움이 됐습니다. 결과적으로 이혼 후에도 결혼 지참금을 간직했던 건 정말 잘한 선택이었습니다. 예슈아와 그의 제자들이 마을에 도착했을 때 일부 사람들은 예슈아에 대한 소문을 듣고 문을 닫았는데, 나사렛, 고라신 등 그의 고향 근처 다른 곳들에 가도 마찬가지였습니다.

대부분의 사람들은 예슈아를 어떻게 받아들여야 할지 어려움을 겪었습니다. 한편으로 그들은 치유와 도움이 필요했고, 그래서 그들은 그것을 원했습니다. 그러나 다른 한편으로는 그분의 가르침과 극단적인 제자도의 요구가 일부 사람들이 받아들이기에는 그 기준이 너무 높았습니다. 그분은 십자가를 짊어지는 비유를 사용하며 극단적인 헌신을 요구했습니다. 각 사람은 십자가를 들고 그를 따르라고 했습니다. 저는 이것이 제 생명을 걸고 모든 것을 희생하여 그분을 따르는 것을 의미한다고 생각했습니다. 그래서 저는 그렇게 했습니다. 남편을 말없이 놓아주기로 결심했습니다. 그는 나쁜 남편은 아니었지만, 예슈아와 남편 둘 사이에서 선택을 해야 한다면 저에게는 선택의 여지가 없었습니다. 공교롭게도 구사가 먼저 아내인 저를 버림으로써 자연스럽게 저는 선택 때문에 고민할 필요가 없게 됐습니다.

갈릴리의 많은 사람들에게는 예슈아의 친척도, 열두 제자 중 하나도 아닌 여성들이 여기저기 그들을 따라다니며 그들의 사역을 돕는 것이 꽤나 불명예스럽게 보였을 겁니다. 아마도 그 사람들 사이에서 저희는 험담의 대상이 됐을 것입니다. 그들은 "어떤 예언자가 이렇게 합니까? 어떤 예언자가 죄인과 세리들과도 식사를 같이 합니까?" 같은 말들을 했습니다. 예슈아의 사역에는 논란이 될 만한 요소들이 많이 있었습니다. 그의 가르침은 하-님의 마지막 통치를 위해 여성이 독신으로 남아 있는 것을 허용해서 아내나 어머니가 아닌 역할을 할 수 있게 했고, 이것은 혁명적인 것이었습니다.

당연히 많은 사람들은 출신도 좋고 적지 않은 재산을 가지고 있는 저 같은 여성이 왜 예슈아를 따라다니는지 이해하지 못했습니다. 사실 저는 치유나 물질 같은 것들이 필요 없을 정도로 삶에 있어서 부족한 것이 없었습니다. 그래서 사람들은 계속 물었습니다. "왜 예슈아를 따라다닙니까?" 그리고 이어서 이렇게 말하곤 했습니다. "신분 높은 여자들은 그런 것을 하지 않아도 됩니다. 특히 치유나 도움이 필요하지도 않으니 그것은 부끄러운 일이에요!" 그러면 제 대답은 이랬습니다. "그분에게는 하-님의 생명의 말씀이 있는데 제가 달리 어디로 가겠어요? 그분이 하-님의 마지막 구원의 통치를 세상에 가져오시는데 왜 제가 그 기쁜 일에 참여하고 싶지 않겠어요?" 보통 제가 이렇게 대답하면 그들은 저를 이상한 눈으로 바라보다가 구시렁거리며 떠났습니다.

미그달의 미리암과 저 그리고 다른 여성들은 모두 운명의 유월절을 위해 예수아와 함께 예루살렘으로 향했습니다. 우리는 모든 것을 보았습니다. 승리의 입성, 성전 정화, 한 세대 안에 헤롯 성전이 멸망할 것이라는 예언을 들은 것, 예수의 마지막 식사를 함께 한 것, 예수의 처형을 멀리서 지켜본 것, 일요일 아침 무덤에 가서 시신에 기름을 바른 것, 무덤이 비어 있는 것을 발견하고 그가 부활했다는 천사들의 말을 들은 것, 남자 제자들에게 말했지만 여자들의 환상이라며 손사래를 쳤던 것 말입니다. 저는 실제로 부활하신 예수아를 그가 승천하시기 전에 여러 차례 만났습니다.

이건 전부 알고 계실 수 있겠지만, 나머지 이야기는 모르실 것입니다. 그러니 제가 지금 알려드리지요. 저는 예수아의 사명을 더 전진시키고 좋은 소식을 전파하려고 예루살렘의 유대 제자들 사이에 들어갔습니다. 그때 또 한 남자를 만났는데, 그 남자는 안드로니쿠스라는 로마 이름을 가지고 있었습니다. 그는 로마에서 온 유대인으로, 오순절을 위해 왔는데, 베드로가 성전에서 첫 번째 설교를 함으로써 제국에서 온 많은 이들이 예수아를 따르게 됐을 때도 예루살렘에 있었습니다. 저와 다른 이들에게 그랬던 것처럼 그에게도 성령이 내려졌습니다. 안드로니쿠스는 결혼하지 않았지만, 사실 예루살렘에 아내를 삼을 만한 참한 유대 여성을 찾으러 왔습니다. 우리는 친밀해졌고, 사순절이 지난 몇 달 후에 예루살렘 공동체에 있는 예슈아의 제자들인 친구들의 도움으로 결혼을 했습니다. 저는 새로운 배우자를 찾지 않았고, 그런 것을 기대하지도 않았지만, 때로는 하느님의 뜻이 인간의 계획과는 무관하게 일어납니다. 우리는 매우 행복한 부부였고, 주님을 위해 함께 열심히 일하려고 결심했습니다. 저와 남편 모두에게 아이가 없었기 때문에 우리의 사역이 삶의 우선순위가 됐습니다.

오래 지나지 않아서 예슈아의 유대인 제자들이 예루살렘에 너무 많아져서 우리는 핍박과 고소와 사형까지 당하게 됐습니다. 세베대의 아들인 야곱은 전에 스데반이 그랬던 것처럼 순교당했습니다. 우리를 핍박하던 주된 인물이었던 다소의 사울은 우리의 모임을 박멸하려고 작정했습니다. 하지만 그때 예상하지 못한 일이 일어났습니다. 저는 예슈아를 따르면서 예상치 못했던 일들이 때로는 실제로 일어나는 것을 직면하는 법을 배웠지만, 이건 저조차 생각하지 못했습니다. 사울이 우리의 형제들을 더 잡아서 예루살렘으로 끌고가 재판에 세우려고 예루살렘에서 다메섹으로 가는 길에 하늘에 계신 예슈아께서 그의 눈을 멀게 하신 것이에요! 이것이야말로 진짜 신적 개입이지요. 물론 우리는 신적 개입을 기도했지만 이런 형태일지는 예상하지 못했습니다. 그 결과 우리의 적이 우리의 친구가 되고 우리를 고발하는 자가 우리의 변호자가 됐으며 우리를 쫓는 자가 우리의 지도자 중 하나가 됐습니다. 물론 우리 중 많은 사람들이 오랫동안 그를 경계했지만 말입니다. 그는 아라비아로 갔고 그의 고향인 길리기아 지역으로 오래 떠나 있다가 예루살렘으로 돌아왔습니다. 하지만 그가 돌아왔을 때, 그는 예슈아의 형제인 야곱, 그리고 베드로와 요한으로부터 친교의 악수를 받았고 이때부터 우리는 하-님께서 우리가 그를 돕는 자가 되기를 원하신다고 결론 내렸습니다. 우리는 그와 함께 제국을 돌며 이방인들을 예슈아 신앙으로 이끌 것이었습니다. 그것이 우리의 전부이자 유일한 사명이 됐고, 어려웠지만 즐거운 사역이었습니다.

우리는 이름을 바울로 바꾼 사울과 함께 감옥에 던져졌고, 우리는 바울과 함께 아직 교회가 없는 곳에 교회들을 개척했으며 우리는 몇 번이고 바울을 위해 우리의 목숨을 걸었습니다. 신자들은 우리를 '보내진 자들', 한마디로 '사도'라고 부르기 시작했습니다. 예, 제가 첫 여성 사도였습니다. 자격은 단순했습니다. ⑴ 부활하신 예슈아를 봄, ⑵ 복음 전파를 위해 성령의 은사를 받음. 제가 로마에 있었을 때에는 로마식 이름인(요안나의 라틴어 이름인) 유니아를 사용했습니다. 우리는 바울과 함께 수많은 산전수전을 다 겪었습니다.

결국, 우리는 로마에 도달하게 됐습니다. 그때는 로마에서 유대인을 추방시켰던 글라우디오 황제의 죽음 후에 유대인들이 수도로 다시 물밀듯이 밀려오고 있었을 때였습니다. 로마에서 몇 년간 일한 후에 우리는 바울과 한동안 떨어져 있었고, 그로부터 소식을 듣지 못했습니다. 그는 항상 로마에 올 계획을 세웠지만, 매번 어떤 일이나 의무 때문에 로마에 오지 못했습니다. 드디어 우리는 고린도의 뵈뵈가 가져온 편지를 받게 됐습니다. 그녀는 그의 선봉대였는데, 바울이 곧 뒤따라올 것이라고 말했습니다. 그가 로마에 있는 우리에게 보낸 편지의 한 부분이 여기 있습니다.

> 나의 유대 동포이며 한때 나와 함께 갇혔던 안드로니고와 유니아에게 문안하여 주십시오. 그들은 사도들에게 좋은 평을 받고 있고, 나보다 먼저 그리스도를 믿은 사람들입니다. (로마서 16:7)

우리는 마침내 우리의 동료 사도로부터 소식을 들었습니다. 드디어 듣게 됐습니다! 하지만 지금 우리가 듣기로는 그가 로마까지 오지 못할 수도 있다고 합니다. 그는 제가 태어난 도시인 해변가의 가이사랴에 구금된 채로 총독의 재판을 기다리고 있다고 합니다! 그가 성전 구역에 있었을 때 다른 동료인 디도와 함께 있었는데 누군가가 그가 이방인을 유대인 구역으로 데리고 왔다고 생각해서 예루살렘에 소동이 있었습니다. 하지만 그는 절대로 그럴 사람이 아닙니다! 아쉽게도 그때 그 사건으로 인해 우리의 기대는 다시 물거품이 됐습니다. 하지만 바울을 잘 알고 있는 제 생각에는 그가 결국 로마로 오는 방법을 만들 것 같습니다. 왜냐하면 그가 어려운 상황에 처하게 될 때 그의 로마 시민권은 분명 그에게 유리하게 작용할 것이기 때문입니다. 우리는 그의 석방과 로마 도착을 위해 많은 기도를 하고 있습니다. 제 인생에는 많은 복이 있었고, 그중 가장 큰 세 가지는 예슈아와 바울, 그리고 제 남편과 함께 일할 수 있었던 것입니다. 하지만 저를 향한 하-님의 계획은 아직 끝나지 않은 것 같습니다. 아직 여기에는 해야 할 일이 많이 있거든요. 예를 들어, 지금 거의 따로 만나면서 서로 독립적인 모임처럼 되어 버린 예슈아의 유대인 제자들 무리와 이방인 제자들 무리를 하나로 모으는 일 말입니다. 하-님의 구원의 역사가 일어나고 있다고 해서 우리의 모든 문제가 한순간에 해결되는 것은 아닙니다. 그래서 우리를 위해서 기도해달라고 부탁드립니다. 그리고 우리 주님이시고 구원자이신 메시아 예슈아로부터 은혜와 평강이 있기를 바랍니다.

제23장
도마 디두모

궁금해하실 것 같아서 말씀드리는데요, 예슈아는 우리 열두 명을 특별한 역할을 위해 선택하셨습니다. 이스라엘의 잃어버린 양들을 찾아 구하고 심판의 날에는 열두 보좌에 앉아서 고대 사사들의 시대에 그랬듯이 열두 지파를 다스릴 역할 말입니다. 기억이 잘 나지 않으실까 봐 열두 제자 명단을 준비했습니다. "예슈아께서 열둘을 임명하셨는데, 그들은, 베드로라는 이름을 덧붙여 주신 시몬과, '천둥의 아들'을 뜻하는 보아너게라는 이름을 덧붙여 주신 세베대의 아들들인 야곱과, 그의 동생 요한과, 안드레와 빌립과 바돌로매와 마태와 도마와 알패오의 아들 야고보와 다대오와 열혈당원 시몬과, 예수아를 넘겨준 가룟 유다이다"(마가복음 3:16-18). 저를 그 명단의 중앙에서 찾으실 수 있을 것입니다. 저는 핵심적인 3인에는 들지 않았지만 유다처럼 예수아를 배반하지도 않았습니다. 그래도 저는 예수아께서 뽑으신 첫 열두 명 중 하나였습니다.

어떻게, 시간이 지나가면서 저는 '의심하는 도마'라는 별명을 갖게 됐는데요, 그건 틀렸습니다. 저는 그저 의심을 품은 게 아니라 예수아께서 죽은 자들로부터 살아나셨다는 이야기를 믿지 않았거든요. 저는 원래부터 항상 약간 회의적인 성향이 있었는데, 그렇게 불신자가 된 날이 찾아왔습니다! 헬라어로 **아피스토스**(apistos)는 의심을 가리키는 것이 아니라 불신을 가리킵니다! 자, 이제 그것을 확인했으니, 저에 대한 가장 유명한 이야기인, 제가 예수아에 대한 믿음을 다시 갖게 되어 그를 메시아나 예언자보다도 더욱 큰 분으로 받아들이게 된 이야기를 더 잘 이해하실 수 있을 것입니다. 엘르아살이 전한 이야기는 이러했습니다.

열두 제자 가운데 하나로서 디두모라고 불리는 도마는, 예수아께서 오셨을 때에 그들과 함께 있지 않았다. 다른 제자들이 그에게 "우리는 주님을 보았소" 하고 말했다.

그러나 도마는 그들에게 "나는 내 눈으로 그의 손에 있는 못자국을 보고, 내 손가락을 그 못자국에 넣어 보고, 또 내 손을 그의 옆구리에 넣어 보지 않고서는 믿지 못하겠소!" 하고 말했다.

여드레 뒤에 제자들이 다시 집 안에 모여 있었는데 도마도 함께 있었다. 문이 잠겨 있었으나, 예슈아께서 와서 그들 가운데로 들어서셔서 "여러분에게 평화가 있기를!" 하고 인사말을 하셨다. 그러고 나서 도마에게 말씀하셨다. "당신의 손가락을 이리 내밀어서 내 손을 만져 보고, 당신의 손을 내 옆구리에 넣어 보세요. 그래서 의심을 떨쳐버리고 믿음을 가지세요."

도마가 예슈아께 대답했다. "나의 주님, 나의 하-님!"

예슈아께서 도마에게 말씀하셨다. "당신은 나를 보았기 때문에 믿습니까? 나를 보지 않고도 믿는 사람은 복이 있습니다." (요한복음 20:24-29)

제 인생 이야기의 절정이었던 이 순간을 완전히 이해하기 위해서는 배경을 조금 아셔야 합니다. 우선 저는 쌍둥이 형제가 있기 때문에 디두모라고 불립니다. 그 역시 예슈아의 제자들 중 하나인 마태이고 보통 열둘의 명단에서 제 이름 옆에 같이 기록되어 있습니다.

그 별명은 저를 따라다녔습니다. 예슈아께서는 별명을 좋아하셨던 것 같습니다. '보아너게'나 '게바' 같은 것은 직접 만드셨지요. 저는 제 형제처럼 세리는 아니었지만, 저도 일부분 그가 가진 회의적인 태도 같은 것을 가지고 있었습니다. 한 예를 들자면, 예슈아께서 유대로 돌아가서 아픈 오빠가 있는 미리암과 마르다의 가족을 도우려 하실 때는 사람들이 예슈아를 예루살렘에서 없애려고 했을 무렵이었습니다. 그것 때문에 제가 나머지 제자들에게 말했지요. "우리도 주와 함께 죽으러 갑시다." 이 말은 비아냥거리는 게 아니라, 그저 운명론적 성향이었던 당시 제 견해를 그대로 보여주는 것이라고 생각합니다.

그리고 예슈아의 처형 전 마지막 일주일 기간에 제가 언급된 것도 아시리라 생각합니다. 어느 저녁, 예슈아께서 우리에게 우리가 그분이 어디로 가시는지 안다고 말씀하셨을 때, 저는 그분의 말을 막고 이렇게 되물었습니다.

"주님, 주께서 어디로 가시는지 우리가 알지 못하는데 그 길을 어떻게 알 수 있나요?" 예슈아께서 대답하셨습니다. "나는 길이고 진리이고 생명이니 나를 거치지 않고서는 아무도 아버지께로 갈 사람이 없습니다. 여러분이 나를 알면 나의 아버지를 역시 알 것입니다. 이제 여러분은 내 아버지를 알고 있으며, 그분을 이미 보았습니다."

이런 일화를 통해 제 성향이나 경향에 대해 좀 아실 수 있을 것입니다. 저는 예슈아의 말을 더 이상 믿기가 어려워졌고, 십자가에 못 박혀 돌아가셨을 때 희망을 모두 잃었습니다. 저는 의심을 했던 게 아니었습니다. 믿지 않았던 것이지요. 그래서 다른 제자들이 우리가 모이는 다락방에서 그분이 그들에게 나타났다고 말했을 때, 저는 비웃었습니다. 저는 그들에게 제가 단순히 그분을 보기만 하는 것이 아니라, 그분의 상처를 만져보고 느껴봐야만 그가 똑같은 사람인지 확신할 수 있을 것이라고 말했습니다.

그분이 처음 나타나신 지 일주일 후, 제가 다른 일을 하기 위해 갈릴리로 돌아가기 전에 남은 제자들과 한 번 더 식사를 하기로 약속했는데, 그때 그분은 저에게, 믿지도 않는 저에게도 개인적으로 나타나셨습니다. 아마도 위의 이야기의 인용에서 알 수 있듯이 저는 실제로 그분의 상처 자국을 만지지는 않았습니다. 그분은 너무나도 분명하게 진짜로 살아계셨고, 저는 그분 가까이에서 그분의 숨결까지 느낄 수 있었기에 그분의 상처 자국을 만질 필요가 없었던 것입니다. 제 불신은 순식간에 사라지고, 그분에 대한 제 신앙 고백은 그 이후로 표준으로 여겨지는 것이 됐습니다. 그분은 우리의 주님이시자 하-님인데, 아버지, 압바(Abba)를 대체하는 것이 아니라, 그분의 독생자라는 하-님의 또 다른 인격적 표현입니다. 예슈아께서는 믿음이 보는 것으로 이끈다고 우리에게 상기시키셨지만, 저는 당장 눈에 보이는 것이 있어야 믿을 수 있었습니다. 왜냐하면 그때 저는 예슈아에 대한 믿음이 너무나도 약했기 때문입니다.

그때 이후로 저에게 무슨 일이 있었는지 궁금하시겠지요? 처음에 저는 예슈아에 대한 소식을 시리아 지방에 있는 사람들에게 가서 전했습니다. 다메섹과 그 주변에서 예슈아를 전하고 교회들이 안정적으로 세워진 후에, 저는 아직 건강하기 때문에 더 먼 곳으로 가서 예슈아를 전해야 한다고 생각했습니다. 알렉산드로스가 지구의 끝까지 가서 강들과 코끼리들이 있는 나라에 도착했다던 이야기를 들은 적이 있습니다. 그곳은 유대인들이 유배된 적이 없는 땅이지만, 예수를 따르는 이들은 한 번도 가보지 않은 곳으로 가고 싶다고 생각했습니다. 저는 지금 스바를 거쳐 그곳으로 가는 배 위에서 당신께 글을 적고 있습니다. 선장 말에 의하면, 그곳에 도착하려면 아직도 여러 날이 남았다고 합니다. 저는 당신께 제 이야기를 깊이 생각해 보시라고 말씀드리고 싶습니다. 예슈아께서 그분에 대한 믿음을 포기했던 저 같은 사람의 신앙도 회복시키실 수 있었다면, 다른 이들에게도 역시 그와 같이 하실 수 있음을 꼭 기억하십시오. 부활하신 그분이 제 앞에 나타나실 때까지 그분에 대해 가졌던 제 불신과는 정반대로 행하십시오. 예슈아께서는 보지 않아도 믿을 수 있는 믿음이 강한 믿음이라고 하셨습니다. 어쨌든 믿음은 보이게 이끄는 것이라는 걸 저도 알게 됐습니다.[1]

---

1.   도마가 우리가 인도라고 부르는 지역에 처음으로 복음을 전했다는 강한 초대 기독교 전통이 있습니다. Brian Shelton, *Quest for the Historical Apostles: Tracing their Lives and Legacies* (Baker, 2018) 173-86을 참고하십시오.

제24장
미그달의 미리암

저는 긴네렛이라고 부르는 바다의 북서쪽 한구석에서 돈이 되는 생선 공장을 하고 있는 사람의 딸입니다. 우리는 부유한 마을인 미그달 혹은 막달라라고 불리는 마을에 살고 있었고 생선 공장에서 가까운 가장 최근에 지은 회당에 출석하고 있었습니다. 제 인생은 제가 라반과 연관되기 전까지는 평탄했습니다. 라반은 어두운 마술에 심취한 젊은 남자였는데, 그는 점성술만 좋아할 뿐만 아니라 주술과 부정한 영혼들과 연관된 것들에도 관심이 있었습니다. 물론 지금은 그런 것에 관여하고 뒤얽히는 것이 얼마나 멍청한 짓인지 알지만, 그때에 저는 그것에 빠져들었고 그 후에 어둠이 밀려들면서 제 인생을 휩쓸어 갔습니다. 저는 십대 후반이었는데 갑자기 가족에게 버려지고 회당에서 내쫓기게 됐습니다. 저는 아르벨 절벽 아래의 동굴에서 살았는데 미그달에서는 약간의 거리가 있지만 갈릴리 북쪽에서 바다로 가는 대로에서는 가까웠습니다.

하루는 제가 열매를 뒤지며 이웃 염소치기의 염소로부터 우유를 훔치고 있을 때, 머리를 들어 보니 한 남자가 앞에 서 있었는데 온몸을 떨리게끔 만드는 존재였습니다. 처음에는 그 남자가 저를 범하려고 하는 줄 알았습니다. 전에 그런 적이 있었을 때 그런 남자들을 물리친 적이 있거든요. 하지만 이상한 말을 하더라구요. "낫고 싶습니까?"

그때, 대부분의 시간 동안 저는 마귀들에게 사로잡혀 자신을 위한 표현조차 할 수 없었지만, 그 순간에는 제 목소리를 찾았고, 저는 약하게 "네"라고 대답했습니다. 그다음 순간에 저는 제 목청이 떨어지게 고함을 지르며 먼지 속에서 구르고 있었고, 마치 누군가가 내 심장을 찢어발기는 것 같았습니다! 예슈아라고 불리는 사람은 제 삶 속의 마귀들을 다른 곳으로 보냈고, 저는 몇 년 만에 처음으로 자유로워졌습니다. 그분은 저를 가까운 제사장에게 보내어 정상이라는 확인을 받아 마을로 돌아갈 수 있게끔 해 주었습니다. 저는 먼저 **미크베**로 가서 의식적으로 정결하게 됐고, 제가 남겨 둔 최고의 옷을 입었습니다. 그러나 제사장은 저를 받아들이지 않았습니다. 그의 현관을 넘지도 못하게 했습니다. 그는 저를 쫓아냈습니다! 예슈아께서는 이것을 보고 "두려워하지 마세요, 그냥 와서 나를 따르세요"라고 말씀하셔서 그대로 따라갔습니다.

나중에 알게 된 것은 제가 예슈아의 여행하는 제자들 중 첫 여성 제자였다는 것이었습니다. 이것이 바로 제가 항상 여성 제자의 명단에서 첫 번째로 나오는 이유입니다(참고, 누가복음 8:1-3). 저는 어떤 모임의 지도자였던 적은 없었지만, 예슈아를 따를 다른 여성들을 모았기 때문에, 그분이 이상한 여자, 이전에 귀신 들렸던 여자, 혈연관계도 아닌 여자와 함께 다닌다는 소문이 덜 나게 됐습니다. 믿거나 말거나, 제가 처음으로 모집에 성공한 여성은 어느 날 가버나움의 시장에서 만난 높은 지위의 여성인 요안나였습니다. 그녀는 생선을 사러 왔는데, 그녀와 함께 있었던 사람은 여종뿐이었습니다. 저는 간단히 제가 누구인지와 제 삶의 급격한 변화에 대해 얘기했고, 그녀는 즉시 이 예슈아를 만나고 싶다고 했습니다. 저는 그녀에게 "와서 보세요"라고 말하고, 그녀를 곧 예슈아 앞으로 데려갔습니다. 예슈아는 마을 회당 밖에서 몇몇 어부들과 이야기하고 계셨습니다. 그리 오래지 않아 약 이십 명 정도의 남성과 여성이 예슈아를 따라다니며 그분의 제자가 됐고, 더불어 도움이나 치유를 원하는 사람들이 더 많이 몰려들기 시작했습니다.

요안나처럼 저는 우리 **라부니**(rabbouni), 우리 선생님이 십자가에 달리실 때 같이 있었고 가까스로 용기를 내어 십자가 가까이에 서서 예슈아께서 무엇을 말씀하시는지 들으려 했습니다. 그분의 마지막 말들은 저와 그분의 어머니와 거기 있는 다른 사람들에게 소중했습니다. 그러나 그분이 숨을 거두셨을 때, 저의 혼은 무너졌습니다. 모든 희망과 기대가 사라졌고, 저는 이전에 경험하지 못했던 깊은 슬픔에 빠졌습니다. 심지어 제가 일곱 살 때 어머니를 잃은 때보다 더 깊이 애도하게 됐습니다. 그럼에도 불구하고 저는 예슈아를 기리기 위해 여성 제자들과 함께 무덤으로 가서 예슈아가 묻히는 곳을 보고, 새로운 삼베와 바르는 기름 및 향신료를 가지고 돌아오기로 정했습니다. 저는 무슨 일이 일어날 때 너무 감정적이게 되는 경향이 있어서 아무래도 다른 사람의 기록을 소개해야 할 것 같습니다. 사랑받는 제자가 이후 이야기를 더 잘 풀어줬는데요, 이것이 그의 회고록에 있는 이야기입니다.

주간의 첫 날 이른 새벽에 미그달 사람 미리암이 무덤에 가서
보니, 무덤 어귀를 막은 돌이 이미 옮겨져 있었다. 그래서 그 여
자는 시몬 베드로와 예슈아께서 사랑하시던 그 다른 제자에게
달려가서 말했다. "누가 주님을 무덤에서 가져갔습니다. 어디
에 두었는지 모르겠습니다."

베드로와 그 다른 제자가 나와서, 무덤으로 갔다. 둘이 함
께 뛰었는데, 그 다른 제자가 베드로보다 빨리 달려서, 먼저 무
덤에 이르렀다. 그런데 그는 몸을 굽혀서 삼베가 놓여 있는 것
을 보았으나, 안으로 들어가지는 않았다. 시몬 베드로도 그를
뒤따라왔다. 그가 무덤 안으로 들어가 보니, 삼베가 놓여 있었
고, 예슈아의 머리를 싸맸던 수건은, 그 삼베와 함께 놓여 있지
않고, 한 곳에 따로 개켜 있었다. 그제서야 먼저 무덤에 다다른
그 다른 제자도 들어가서, 보고 믿었다. 아직도 그들은 예슈아
께서 죽은 사람들 가운데서 반드시 살아나야 한다는 성경 말씀
을 깨닫지 못했다. 그래서 제자들은 자기들이 있던 곳으로 다
시 돌아갔다.

그런데 미리암은 무덤 밖에 서서 울고 있었다. 울다가 몸을
굽혀서 무덤 속을 들여다보니, 흰옷을 입은 천사 둘이 앉아 있
었다. 한 천사는 예슈아의 시신이 놓여 있던 자리 머리맡에 있
었고, 다른 한 천사는 발치에 있었다.

천사들이 미리암에게 말했다. "여자여, 왜 우느냐?"

미리암이 대답했다. "누가 우리 주님을 가져갔습니다. 어디에 두었는지 모르겠습니다." 이렇게 말하고, 뒤로 돌아섰을 때에, 그 미리암은 예슈아께서 서 계신 것을 보았지만, 그가 예슈아이신 줄은 알지 못했다.

예슈아께서 미리암에게 말씀하셨다. "여자여, 왜 울고 있느냐? 누구를 찾느냐?"

미리암은 그가 동산지기인 줄 알고 "여보세요, 당신이 그를 옮겨 놓았거든, 어디에다 두었는지를 내게 말해 주세요. 내가 그를 모셔 가겠습니다" 하고 말했다.

예슈아께서 "미리암아!" 하고 부르셨다.

미리암이 돌아서서 아람어로 "라부니!" 하고 불렀다. (그것은 '선생님!'이라는 뜻이다.)

예슈아께서 미리암에게 말씀하셨다. "내게 손을 대지 말아라. 내가 아직 아버시께로 올라가지 않았다. 이제 내 형제들에게로 가서 이르기를, 내가 나의 아버지 곧 너희의 아버지, 나의 하-님 곧 너희의 하-님께로 올라간다고 말하여라."

미그달 사람 미리암은 제자들에게 가서, 자기가 주님을 보았다는 것과 주님께서 자기에게 이런 말씀을 하셨다는 것을 전했다. (요한복음 20:1-18)

유족이 아닌 예슈아의 친구들이 그를 장사지낸 것은 독특한 일인데요, 이 일의 중심에 비밀 제자인 요셉이 있었습니다. 무덤은 그의 무덤이었는데, 그는 부유한 사람이었기 때문에 그 무덤은 새로 깎은, 아직까지 시체가 놓인 적이 없는 근사한 정원 무덤이었습니다. 따라서 무덤에 있는 다른 시신을 예슈아로 착각할 우려는 전혀 없었습니다.

우리가 무덤에 갔을 때 무덤 문은 열려 있었고 그 안은 비었는데, 이 모습에 충격을 받은 저는 예슈아의 시신이 옮겨졌거나 더 심한 경우 도난당했을 거라고 생각했습니다. 우리가 마지막 경의를 표할 권리까지 박탈당한 것일까요? 그것은 악몽이었습니다. 저는 베드로와 엘르아살에게 이 사실을 알리러 달려갔고 그들은 우리가 말한 대로 무덤을 발견했지만, 그들 역시 무슨 일이 일어났는지 알지 못한 채로 무덤을 떠났습니다. 아마 그들은 예슈아께서 몇 번이고 아버지께로 돌아가는 것에 대해 이야기하셨으니, 예슈아께서 엘리야처럼 하늘로 올라간 줄로 생각했을지도 모릅니다. 저는 그때의 상황을 어떻게 받아들여야 할지 몰랐는데, 어느 상황이든 저는 위로받을 수가 없었습니다.

남자들이 떠난 후에 다시 무덤을 살펴보았을 때, 저는 밝은 존재인 하-님의 사자 둘을 보았습니다. 그들은 예슈아의 시체가 누웠던 곳의 양 끝에 앉아 있었습니다. 그들 사이에는 공간이 비어 있었는데 그곳은 어떤 의미로 가득했습니다. 그들은 이상한 질문을 던졌습니다. "여자여, 왜 울고 있습니까?" 이상한 질문이었습니다. 왜냐하면 분명히 그들은 제가 왜 우는지 알고 있었을 테니까요. 그럼에도 저는 우물쭈물 대답을 했습니다. 저는 아직도 깊은 슬픔에 빠져 있었으며 천사들의 모습조차도 내 기분을 바꿀 수 없었습니다.

그런 다음 무덤 밖에서 누군가가 이와 똑같은 말을 하는 것을 들었는데요, 저는 이에 더하여 "누구를 찾고 있습니까?"라는 물음도 들었습니다. 그때 저는 그 말에 더 주의를 기울였어야 했는데, 왜냐하면 그분은 제가 **무엇을** 찾는지가 아니라 **누구를** 찾는지 물었기 때문입니다. 당신도 알다시피 시체는 **누구**라고 부르지 않고 그저 **무엇**이라고 부릅니다. 저는 그 목소리의 주인을 정확하게 보지는 못했는데 긴 옷을 걸친 사람인 것만 보였습니다. 예의상 남성의 존재 앞에서는 대개 시선을 아래로 내리거나 옆으로 돌렸기 때문에 그분을 바라보지 않았습니다. 잠시 동안 저는 제가 정원사와 얘기를 나누고 있는 줄로 생각했고, 예슈아의 시체를 어디에서 찾고 가져올 수 있는지 물었습니다. 시체를 옮기는 것이 적어도 두 사람의 일일 것이라고는 생각하지 않았습니다. 그러나 그때 누군가가 제 이름을 부르는 것을 들었습니다. 그분은 제 이름, **미리암**을 불렀고, 그 소리는 미그달 근처에서 제가 정신 차린 후에 처음으로 제 이름을 불렀던 목소리와 똑같았습니다. 저는 예슈아께서 그분이 좋은 목자이시며 양을 이름으로 부르시니, 그들은 그 목소리를 알아듣는다고 말씀하셨던 것을 기억했습니다. 마침내 저도 그 목소리를 알아차렸습니다!

제 마음은 즉시 슬픔에서 행복으로 변했고 **"라부니"**(Rabbouni)라고 외쳤으며 그분의 의복 가장자리를 목숨이 걸린 듯 붙잡고 있었습니다. 그분은 살아 계셨고, 생생하게 존재하고 계셨으며, 아마도 우리 모두는 다시 제자가 될 수 있을 것이라고 생각했습니다! 그러나 예슈아께서는 다른 계획을 가지고 계셨습니다. 우리는 이전에 한 것을 단순히 계속하는 것이 아니라 새로운 방향으로 나아가야 했습니다. 그리고 실제로 그분은 **제게** 가서 남성 제자들에게 그분이 부활하셨고 아버지께로 돌아가신다고 전하라는 임무를 주셨습니다. 그래서 저는 첫 번째로 "예슈아는 부활하셨고, 정말로 살아나셨습니다!"라고 선포한 사람이 됐습니다.

슬프게도, 남성 제자들은 저와 함께 기뻐하지도 않았고, 제가 말한 것을 믿지도 않았습니다. 그들 중 한 명인 도마는 이것을 환상이라고, 여자의 환상이라고 부르더군요. 저는 그런 모욕적인 말에 익숙했지만 그것에 신경 쓰지 않았습니다. 저의 새로운 기쁨은 아무도, 그 누구도 가져가지 못할 것이었습니다. 세월이 지난 후에도 저는 여전히 전 세계가 변한 그날을 생각하면 마음이 들뜹니다. 예슈아는 죽은 자 가운데서 부활했으며 이제 질병, 부패, 죽음, 고통, 죄, 슬픔으로부터 완벽하게 자유로운 새로운 몸을 가지고 계셨습니다. 언젠가 우리 역시 부활하신 주님처럼 온몸이 새롭게 되는 때를 맞이할 것입니다.

저는 예슈아에 관한 좋은 소식을 여러 해 동안 여성들과 공유해 왔고, 이 소식은 모든 방해 세력들에도 불구하고 계속해서 퍼져갑니다. 마치 시원하고 상쾌한 바람처럼 이 소식은 세계 곳곳으로 퍼져나가 사람들에게 새로운 생명을 주고 있습니다. 이 좋은 소식은 멈출 수 없다고 생각합니다. 만약 죽음도 예슈아와 그분의 사역을 막을 수 없었다면, 그와 마찬가지로 아무것도 이 좋은 소식을 막을 수 없을 것입니다. 그래서 그분이 예전에 "음부의 문이 내 교회를 이기지 못할 것입니다"라고 말씀하셨나 봅니다. 저는 제가 죽을 때까지 그 말씀을 믿을 것입니다. 저는 여기 예루살렘에 있는 믿는 사람들과 함께 남아 있지만 전쟁이 다가오고 있고 그래서 우리 중 많은 사람들은 떠나기 시작했습니다. 우리가 펠라로 도망가야 한다는 예언이 있었습니다. 아마 저도 떠날 것 같습니다. 하지만 제가 무슨 일을 하든, 어디로 가든, 제 곁에는 그분이 함께 계실 것이라는 것을 압니다. 그분은 우리 모두를 위해 사망의 음침한 골짜기를 걸어가셨으니, 저는 해를 두려워하지 않을 것입니다. 아무도 저의 기쁨이나 주님을 다시 빼앗을 수 없습니다. 그분은 지금 천국에 계시고, 그분께서 보내신 성령의 능력을 통해 제 안에도 살아 계십니다. 아마 당신도 이 사실을 알고 계실지도 모르겠군요. 만약 그렇다면, 제 이야기를 들어주셔서 감사합니다. 그리고 당신도 제가 경험했던 것과 비슷한 경험을 갖기를 희망합니다.

제25장
글로바

처음부터 한 가지를 명확하게 짚고 갑시다. 글로바(Clopas)의 마리아는 제 아내가 아닙니다. 제 이름은 글로바(Cleopas)이지 글로바(Clopas)가 아닙니다. 제가 예루살렘을 떠날 때, 저는 제 아내와 함께 유월절 축제에 참석한 후에 엠마오로 돌아가는 길에 있었습니다. 그 십자가에 매달려 있는 끔찍한 광경을 본 후로 예슈아가 특별한 분이라고 생각하는 것을 완전히 포기한 상태였습니다. 제 생각에는 하나님은 그분의 기름 부음 받은 자에게 그런 일을 허락하지 않을 것입니다. 그것은 공개적인 불명예와 굴욕의 가장 극단적인 형태입니다. 그들은 알몸으로 십자가에 매달립니다! 우리가 숭배하는 하-

님은 의로운 자를 변호하시고, 그들이 굴욕당하는 것을 허락하지 않으십니다. 십자가에 매달린 메시아는 제 생각에는 모순적인 용어입니다. 아니면 적어도, 그 전에는 그렇게 생각했습니다. 저는 그런 생각을 하면서 엠마오로 향하는 길을 가기 시작했습니다. 낯선 사람이 나타나서 우리와 동행할 때까지 그랬지요. 누가가 전한 이야기가 여기 있습니다.

마침 그날에 그들 가운데 두 사람이 예루살렘에서 한 삼십 리 떨어져 있는 엠마오라는 마을로 가고 있었다. 그들은 일어난 이 모든 일을 서로 이야기하고 있었다. 그들이 이야기하며 토론하고 있는데, 예슈아께서 가까이 가서, 그들과 함께 걸으셨다. 그러나 그들은 눈이 가려져서 예슈아를 알아보지 못했다.

예슈아께서 그들에게 물으셨다. "당신들이 걸으면서 서로 주고받는 이 말들은 무슨 이야기입니까?"

그들은 침통한 표정을 지으며 걸음을 멈추었다. 그때 그들 가운데 하나인 글로바라는 사람이 예슈아께 말했다. "예루살렘에 머물러 있었으면서, 이 며칠 동안에 거기에서 일어난 일을 당신 혼자서만 모른단 말입니까?"

예슈아께서 그들에게 물으셨다. "무슨 일입니까?"

그들이 그에게 말했다. "나사렛의 예슈아에 관한 일입니다.

그는 하느님과 모든 백성 앞에서, 행동과 말씀에 힘이 있는 예언자였습니다. 그런데 우리의 대제사장들과 지도자들이 그를 넘겨주어서, 사형선고를 받게 하고, 십자가에 못 박아 죽였습니다. 우리는 그분이야말로 이스라엘을 구원하실 분이라는 것을 알고서, 그분에게 소망을 걸고 있었던 것입니다. 그뿐만 아니라, 그런 일이 있은 지 벌써 3일이 됐는데, 우리 가운데서 몇몇 여자가 우리를 놀라게 했습니다. 그들은 새벽에 무덤에 갔다가, 그의 시신을 찾지 못하고 돌아와서 하는 말이, 천사들의 환상을 보았다는 것입니다. 천사들이 예슈아가 살아 계신다고 말했다는 것입니다. 그래서 우리와 함께 있던 몇 사람이 무덤으로 가서 보니, 그 여자들이 말한 대로였고, 그분은 보지 못했습니다."

예슈아께서는 그들에게 말씀하셨다. "어리석은 사람들입니다. 예언자들이 말한 모든 것을 믿는 마음이 그렇게도 무디니 말입니다. 메시아가 마땅히 이런 고난을 겪고서, 자기 영광에 들어가야 하지 않겠습니까?" 그리고 예슈아께서는 모세와 모든 예언자에서부터 시작하여 성경 전체에서 자기에 관하여 써 놓은 일을 그들에게 설명하여 주셨다.

그 두 길손은 자기들이 가려고 하는 마을에 가까이 이르렀다. 그런데 예슈아께서는 더 멀리 가는 척하셨다. 그러자 그들은 예슈아를 만류하여 말했다. "저녁때가 되고, 날이 이미 저물었으니, 우리 집에 묵으십시오." 예슈아께서 그들의 집에 묵으려고 들어가셨다.

그리고 그들과 함께 음식을 잡수시려고 앉으셨을 때에, 예슈아께서 빵을 들어서 축복하시고, 떼어서 그들에게 주셨다. 그제서야 그들의 눈이 열려서, 예슈아를 알아보았다. 그러나 한순간에 예슈아께서는 그들에게서 사라지셨다. 그들은 서로 말했다. "길에서 그분이 우리에게 말씀하시고, 성경을 풀이하여 주실 때에, 우리의 마음이 우리 속에서 뜨거워지지 않았습니까?"

그들이 곧바로 일어나서, 예루살렘에 돌아와서 보니, 열한 제자와 또 그들과 함께 있던 사람들이 모여 있었고, 모두들 "주님께서 확실히 살아나시고, 시몬에게 나타나셨다" 하고 말하고 있었다. 그래서 그 두 사람도 길에서 겪은 일과 빵을 떼실 때에 비로소 그를 알아보게 된 일을 이야기했다. (누가복음 24:13-35)

이 이야기는 저와 제 아내를 별로 좋게 묘사하고 있지는 않지만 슬프게도 정확한 기록입니다. 우리는 정말로 포기했으며 집으로 돌아가고 있었습니다. 그것이 이야기의 끝이었어요. 기록이 전하는 것처럼 "우리는 예슈아에게 **소망을 걸**

고 **있었습니다.**" 말 그대로 **걸고 있었는데,** 이 표현은 과거형입니다. 그때 우리는 소망하기를 그만두었던 것입니다. 십자가에 못 박힌 메시아는 로마인들을 쫓아내거나 이스라엘을 구원하지 않을 것이었습니다. 그것이 제 견해였습니다. 따라서 제 마음을 변화시키려면 예슈아께서 스스로 직접 그 예언의 성경 구절들과 심지어 율법에 대한 성경 구절들을 철저히 검토해주셔야 했습니다. 그러나 물론, 우리는 그때 그게 예슈아라는 것을 알지 못했습니다. 우리는 그가 죽은 것을 보았고, 열두 명 중 한 명에게 실제로 보였다는 보고를 듣지 못했습니다. 단지 여자들 중 일부가 천사가 그가 살아 있다고 **말한** 것을 들었다는 주장만 있었는데, 저는 그것을 감정적인 여자들의 지나치게 활발한 상상력에서 비롯된 것이라며 무시했습니다. 저는 여자들이 환상에서 본 것을 말했다고 생각했는데, 나중에 알고 보니 제가 완전히 틀렸던 것입니다.

주님은 메시아가 반드시 고난을 받아야 한다고 계속 강조하셨습니다. 반드시! 저에게 가장 설득력 있는 본문은 이사야의 고난받는 종 본문이었지만, 저는 그것이 하느님의 증인으로서 이 세상에서 계속 고난을 받는 한 국가로서의 이스라엘에 대한 내용이라고 항상 배워왔습니다. 실제로 이사야의 다른 부분에서 "이스라엘 나의 종"이라는 구절을 분명하게 볼 수 있습니다. 저는 그것을 하-님의 기름 부음 받은 자인 한 개인으로 적용해 본 적이 없습니다. 그러나 엠마오로 가는 길에서 예슈아는 저에게 바로 이것을 가르쳐 주신 것이었습니다.

기억하셔야 할 한 가지는 예슈아의 유대인 제자로서, 우리는 그가 도시에 오실 때만 그를 보았는데, 보통 그가 집에서 식사할 때 볼 수 있었습니다. 우리는 5,000명에게 빵을 먹이시는 이야기나 갈릴리 바다에서의 치유 이야기, 혹은 이곳저곳의 회당에서의 교훈에 대한 이야기를 들었지만 예슈아는 이곳 예루살렘에서는 그런 일을 하시지 않았습니다. 그러면 아마도 우리가 부활하신 예슈아를 그분이 빵을 나눌 때까지 인식하지 못한 것에 덜 놀라실 것입니다. 그러다가 눈이 밝아졌습니다. 예슈아께서 율법을 해석하실 때, 우리 마음이 뜨거워졌고 성경을 메시아와 관련하여 새로운 방식으로 읽는 법을 깨닫게 됐습니다. 그러나 여전히 우리는 방금 십자가에 매달린 남자가 이제 우리와 가까이서 대화를 나누고 있다는 사실을 이해하지 못했습니다.

그리고 예슈아께서 빵을 나누실 때 우리는 그가 누구인지를 알아차리고선 큰 충격을 받았는데, 그때 예슈아께서는 갑자기 사라져 버리셨습니다. 문밖으로 나가셨다는 게 아니라, 갑자기 우리와 함께 앉아 계시지 않았다는 말입니다. 바로 직전에 빵을 떼고 축사하시던 분이 갑자기 우리 눈앞에서 사라지신 것입니다! 이건 너무나도 놀라운 일이었습니다! 저는 제 아내에게 겉옷을 입으라고 말하고 그날 밤 다시 예루살렘으로 올라왔습니다. 우리가 다락방에 도착할 때에는 시몬 베드로가 예슈아의 개인적인 출현을 목격했다는 얘기가 퍼져 있었고, 우리는 "우리도 그랬어요!" 하고 전했습니다. 이제는 여러 목격자들의 증언이 있었는데, 기억하실 것은 남자 제자들의 증언은 법적으로 유효한 증언으로 간주됐다는 것입니다. 그게 우리 모두에게 가장 설득력 있었습니다. 그러나 불공평하게도, 무덤에 간 여인들, 곧 미리암, 요안나 등의 초기 증언을 의심한 것에 대해 저는 미안한 마음이 들었습니다. 아마도 주님은 우리에게 이 모든 것을 통해 우리에게 무언가를 가르치려고 하셨을 것입니다. 미리암이 부활한 주를 처음으로 보았고, 그 후에도 여러 여인들이 봤습니다. 예슈아는 미리암에게 명령을 내려 몇몇 남성들에게도 전하라고 했습니다. 예슈아께는 여성이 심지어 남성에게도 가르치고 전하는 것이 아무 문제가 없는 것으로 보입니다! 정말 놀랍습니다. 그런데 우리는 예슈아가 이런 일에 대해 파격적인 분이셨다는 것을 알고 있었습니다.

　　이제 제게 문제인 것은 '이스라엘의 구원'이 실제로 어떤 것인지에 대한 전체적인 개념을 다시 돌아봐야 한다는 것입니다. 이스라엘의 구원의 중심에 예슈아가 계신다면, 아마도 이 구원에는 정복 대신 고통이 포함되어야 할 것입니다. 우리가 복수를 통해 정의를 실현하는 것 대신에 하-님 자신이 직접 심판과 구원에 개입하심으로써 우리를 의롭게 하시는 것이 '이스라엘의 구원'의 핵심이라고 생각합니다. 예슈아께서 다른 뺨을 돌려 대며 폭력을 폭력으로 대응하지 말고 심지어 우리의 원수인 사마리아인과 로마인까지 사랑하라는 것은 무엇을 말하려는 것이었을까요? 제가 말한 것처럼, 저에게는 심사숙고하고 다시 생각해야 할 것들이 많습니다. 아마도 하-님은 이스라엘을 구원하는 새로운 방법을 가지고 계신 것 같습니다. 우리 중 한 명은 시편 작곡가이자 시인인데, 최근에 다음과 같이 시작하는 작은 노래를 썼습니다.

　　우리는 왕을 찾고 있었고
　　우리의 적을 멸하고 우리를 높이 들어 올려줄 자를 찾았지만
　　당신은 작은 아기로 오셔서
　　여인을 울게 하셨습니다.[1]

1.　C. S. 루이스(Lewis)가 좋아하던 시인이자 소설가인 조지 맥도날드

만일 제가 그 파란만장한 유월절 기간을 통해 얻은 것이 있다면, 그것은 하나님이 우리의 기도와 염원을 우리의 요청대로가 아니라 우리의 필요대로 응답하신다는 것입니다. 하나님은 세상의 구원을 위해 필요한 메시아가 어떤 메시아여야 하는지 정확히 알고 계셨습니다. 그 메시아는 십자가에서 죽음으로써 죄에 대한 완벽한 속죄를 제공하는 메시아여야 했습니다. 과거에 대한 반추와 성경의 계시들을 풀어주셨던 예슈아를 통해 저는 하나님의 길은 우리의 길과는 다르다는 것을 깨닫게 됐습니다. 그 하나님의 길이란, 우리의 눈으로는 볼 수 없는 사랑의 논리와 나무에 못 박히는 희생입니다.

(George MacDonald)의 글을 인용하여 적용했습니다.